CW01376243

I LIBRI
di
Francesco Alberoni

Precedenti libri di Francesco Alberoni sul tema dell'amore

Innamoramento e amore, Milano, Garzanti 1979. Espone la teoria generale dell'innamoramento come movimento collettivo a due e il processo di istituzionalizzazione.

L'amicizia, Milano, Garzanti 1984. Espone la teoria dell'amicizia come struttura granulare fondata sul principio di realtà e le differenze con l'innamoramento.

L'erotismo, Milano, Garzanti 1986. Studia le differenze fra erotismo maschile e femminile e il ruolo dell'erotismo nel processo di innamoramento.

Il volo nuziale, Milano, Garzanti 1992. Tratta dell'innamoramento e delle infatuazioni delle preadolescenti e delle adolescenti per i divi. Differenze fra femmine e maschi.

Ti amo, Milano, Rizzoli 1996. È un'opera sistematica. Analizza l'innamoramento come processo partendo dai meccanismi che creano legami affettivi. Distingue fra vero innamoramento e infatuazioni. Descrive le crisi che possono avvenire nel corso del processo, le cause delle rotture precoci o tardive del legame amoroso.

Il primo amore, Milano, Rizzoli 1997. Studia l'innamoramento e l'amicizia nei bambini e negli adolescenti.

Il mistero dell'innamoramento, Milano, Rizzoli 2001. Studia l'innamoramento come soluzione di un problema, critica gli autori che l'hanno confuso con le infatuazioni.

Sesso e amore, Milano, Rizzoli 2005. È uno studio sistematico sui rapporti fra sesso e amore incominciando dal sesso impersonale, a quello personale, alle infatuazioni amorose, all'innamoramento, alle diverse esperienze erotico-amorose della coppia. Ha una originalissima tecnica di scrittura per cui ne sono state tratte versioni teatrali.

Francesco Alberoni

Lezioni d'amore

Duecento domande e risposte
su amore, sesso e passione

Rizzoli

Proprietà letteraria riservata
© 2008 RCS Libri S.p.A., Milano

ISBN 978-88-17-02006-0

Prima edizione: febbraio 2008
Seconda edizione: febbraio 2008

L'editore ha ricercato con ogni mezzo l'autore della foto senza riuscire a reperirlo: è ovviamente a piena disposizione per l'assolvimento di quanto occorra nei suoi confronti.

Indice

Introduzione *pag.* 27

1 Innamoramento e amore

*In quest'epoca di rapporti superficiali,
di sesso facile, di droga, di promiscuità
c'è ancora spazio per il vero innamoramento,
il grande amore?* 31

*Ma come può una persona sola dare
più felicità di tante altre?* 32

Cos'è l'innamoramento? 33

Perché ci innamoriamo? 34

Quando ci innamoriamo? 35

*È vero che ci innamoriamo nei periodi
in cui siamo felici?* 35

*Ci innamoriamo di chi è simile
o di chi è opposto?* 36

Di chi ci innamoriamo dunque? 36

Quando veniamo ricambiati e quando no? 37

*Perché ci accorgiamo di essere innamorati
in modo improvviso?* 38

*Come facciamo a capire se è un vero
innamoramento?* 39

La gelosia può rivelare un amore? 40

E la lontananza? 40

*Si dice che la gelosia sia un segno d'amore.
Significa che chi non è geloso non ama?* 42

*C'è qualcosa nel comportamento degli
innamorati che permette di riconoscerli?* 42

*Gli innamorati quale altra esperienza
straordinaria possono provare?* 43

*Perché, anche quando sappiamo che l'altro
ci ama, gli chiediamo «mi ami?»?* 44

*Quante volte possiamo innamorarci
nella vita?* 45

*L'amore che emerge dall'innamoramento
può durare tutta la vita?* 45

*Possiamo innamorarci di due persone
contemporaneamente?* 46

Possiamo amare, voler bene a due persone contemporaneamente?   47

Quando siamo realmente innamorati di uno possiamo innamorarci di un altro?   48

L'innamoramento rende timidi, vulnerabili, cosa fare per difendersi?   48

Cos'è la passione amorosa?   49

2 Dal colpo di fulmine all'amore completo

Cos'è il colpo di fulmine?   51

Esiste l'amore a prima vista?   52

Se l'innamoramento è un processo vuol dire che non ci abbandoniamo istantaneamente all'amore?   53

Quanto tempo dura l'innamoramento?   53

Ma cos'è esattamente lo stato nascente?   54

Come si passa dallo stato nascente dell'innamoramento all'amore?   55

E se il processo di passaggio si blocca, si interrompe, cosa succede?   56

Inglesi e francesi al posto di innamoramento dicono «cadere in amore»: tomber amoureux e to fall in love. Perché?   57

E perché lo chiamano romantic love, amore romantico? 58

Ci sono persone che non si innamorano mai? 59

Se vogliamo, possiamo non innamorarci? 60

Quando siamo già innamorati, possiamo disinnamorarci? 60

E se, quando siamo già innamorati, decidiamo di rompere con la persona che amiamo, a non vederla più, cosa accade? 61

La differenza di cultura è un ostacolo all'innamoramento? 61

L'innamoramento ci allontana o ci avvicina agli altri? 62

Gli innamorati perdono la loro individualità? 63

Il nostro amore è sempre intenso nello stesso modo? 64

Che differenza c'è fra amicizia e amore? 64

È possibile una amicizia fra maschi e femmine senza sesso o amore? 65

Possiamo innamorarci di un amico? 66

Che differenza c'è nell'innamoramento fra maschi e femmine? 66

E fra omosessuali ed eterosessuali? 67

*Si innamorano come noi anche i cinesi,
i giapponesi, tutti gli altri popoli?*   67

*L'innamoramento rende gli uomini uguali
o disuguali?*   68

*L'amore è un fenomeno biochimico
del cervello?*   69

*Con la medicina si può guarire dal male
d'amore?*   70

3 Il sesso e l'amore

Ci può essere innamoramento senza sesso?   71

*Negli innamorati il desiderio sessuale
è sempre presente?*   72

*La sessualità, nell'amore, ha la stessa
importanza per tutti?*   73

*Il sesso precoce crea confusione fra sesso
e amore?*   73

*Come ti accorgi che non è solo sesso
ma amore?*   74

*Se era vero amore, gli sbagli fatti all'inizio
possono essere gravi?*   75

*L'amore è sempre possessivo, è sempre una
ossessione?*   76

Certe persone sono più possessive di altre? 76

L'innamoramento è essenzialmente desiderio o anche tenerezza, cura? 77

È vero che i giovani vogliono liberarsi dalla dipendenza amorosa? 78

Che effetto hanno le droghe sull'amore? 79

E che effetto hanno se consumate in età giovanile? 80

I giovani nel loro amore sono influenzati dalla opinione del loro gruppo? 80

Rispetto al passato i giovani di oggi sono sessualmente più appagati? 81

E sono più felici in amore? 82

Si può sostituire l'amore col sesso? 82

E se per uno è amore e per l'altro è solo sesso? 83

Partendo dal sesso si può raggiungere l'amore? 84

Due persone innamorate fanno all'amore come due che non lo sono? 85

Quando siamo lontani dal nostro amato che cosa ci manca di più, il sesso o la sua presenza? 85

Perché abbiamo bisogno del corpo della persona amata? 86

*C'è più bisogno di educazione sessuale
o di educazione amorosa?* 87

*A quali maestri e maestre ci rivolgiamo
per avere una guida?* 88

Omosessuali si nasce o si diventa? 89

*Quando si forma l'orientamento sessuale
definitivo?* 89

4 Il passato

*Perché due innamorati si raccontano
la loro vita?* 91

E fanno bene a farlo? 92

Ma devono raccontarsi proprio tutto, tutto? 93

Cos'è la gelosia del passato? 94

Come si può vincere la gelosia del passato? 95

Noi amiamo anche il passato del nostro amato? 95

*Cosa accade se uno tace o mente sul suo
passato?* 96

*È vero che la persona amata resta per noi
sempre un po' misteriosa?* 97

*Perché nell'amore alcuni luoghi e alcuni
oggetti diventano sacri o tabù?* 98

Quando siamo innamorati diventiamo più buoni?   98

5 Innamoramento e infatuazioni

C'è differenza fra infatuazione e innamoramento?   100

Come si distingue l'infatuazione dal vero innamoramento?   101

Quanti tipi di infatuazione ci sono?   102

Cos'è l'infatuazione da perdita?   102

Cos'è l'infatuazione competitiva?   102

Cos'è l'infatuazione divistica?   104

Cos'è l'infatuazione erotica?   105

E l'infatuazione da dominio?   106

Che cos'è invece una cotta?   107

6 Il piacere

Come nasce il piacere erotico?   109

Entrambi gli amanti possono giocare il ruolo di maschio e di femmina?   110

Bravi amanti si nasce o si diventa?   111

Ci può essere piacere senza orgasmo?   112

E come chiamare questo piacere prolungato, ricorrente? 113

Cos'è l'intimità erotica? 114

Allora, se non si raggiunge l'intimità erotica, non c'è vero piacere? 114

Perché nel sesso usiamo parole volgari, oscene? 115

Anche gli innamorati facendo all'amore usano parole volgari? 116

Cosa accade se dei due innamorati uno è più ardente e l'altro più freddo sessualmente? 116

È meglio essere attivi o restare passivi, farsi corteggiare? 117

Perché Carmen è forse la più erotica fra tutte le eroine femminili? 118

Perché in epoca di libertà sessuale, la prostituzione è ancora così diffusa anche tra uomini fidanzati e sposati? 119

Il gigolò è per la femmina quello che è la prostituta per il maschio? 120

7 Erotismo maschile

Sono più ossessionati dal sesso i maschi o le femmine? 121

Quali sono gli uomini che hanno più donne? 122

*Gli uomini hanno tutti gli stessi desideri
e la stessa potenza sessuale?* 122

*Gli uomini con una grande potenza sessuale
hanno sempre molte donne?* 123

L'amore può essere vissuto come un premio? 124

*Il maschio può essere completamente
monogamo?* 124

Anche agli uomini piace l'intimità erotica? 125

*È vero che la donna quasi sempre riesce
a conquistare l'uomo di cui è innamorata?* 126

Sono più appiccicosi gli uomini o le donne? 126

*Come reagisce l'uomo alla libertà sessuale
femminile?* 127

*È vero che molti uomini, a causa della
intraprendenza delle donne, diventano
impotenti?* 128

*Perché ci sono uomini che uccidono
la donna che li rifiuta o li lascia?* 129

Meglio il potere o l'amore? 129

8 Erotismo femminile

*Le donne hanno una sensibilità maggiore
degli uomini?* 131

*La donna è più attratta dall'uomo dolce
o da quello duro?* 132

*È vero che le ragazze si innamorano più
facilmente di un mascalzone che di uno bravo
e perbene?* 132

*È vero che, per conoscere il maschio,
la donna usa il proprio corpo?* 133

*Perché per la donna sono così importanti
l'abbigliamento e il trucco?* 134

*Una donna si fa sempre bella per l'uomo
che ama?* 134

È importante il lusso? 135

*È vero che la donna ama l'amore più
dell'uomo?* 136

*Perché molte donne dicono che non ci sono
più veri uomini?* 136

Cos'è il fascino? 137

*È vero che le donne sono attratte dai divi
dello spettacolo, dello sport?* 138

*Perché le donne sono attratte dai ricchi,
dai potenti, dai vincitori?* 139

*Sono attratte anche dagli uomini che hanno
più donne e le più belle?* 140

E cosa succede ai poveri? 140

*Quand'è che la donna prova il massimo
del piacere?* 141

L'orgasmo femminile è favorito dall'amore? 142

*Che differenza c'è fra uomo e donna
quando finisce l'amore?* 143

Chi decide di troncare, l'uomo o la donna? 144

Perché lo stupro è così orribile? 144

*Oggi una donna può innamorarsi
ed essere amata a sessant'anni e oltre?* 145

*Cercano più la promiscuità gli uomini
o le donne?* 146

9 La coppia

*Ci sono persone che hanno bisogno di sentire
l'altro sempre accanto?* 148

*Perché due innamorati vogliono vivere
insieme?* 149

E perché invece alcuni non vogliono farlo? 149

*È vero che il matrimonio è la tomba
dell'amore?* 150

*In molte culture, dove i matrimoni sono
combinati (dalla Corea, all'India ad alcuni Stati
medio orientali o africani) uomini e donne*

danno per scontato che impareranno ad amare il marito e la moglie dopo il matrimonio.
È possibile? 151

C'è un piacere della quotidianità? 151

La separazione fa bene o fa male all'amore? 152

È importante la sessualità per la vita della coppia? 152

La sessualità nella coppia ha bisogno di continuo esercizio? 153

È possibile una fedeltà reciproca duratura? 154

L'abitudine è nemica dell'amore? 155

Nella coppia chi ama più a lungo, l'uomo o la donna? 155

Nella coppia è più pericolosa la gelosia o l'invidia? 156

Si tradisce solo quando non si ama più? 156

Uomini e donne tradiscono in modo diverso? 157

Quando si supera (si perdona) un tradimento? 157

E se lui o lei continuano a tradire come si può perdonare? 159

Perché la gente tradisce col miglior amico o con la migliore amica? 159

*Perché spesso gli uomini, superati
i cinquant'anni, si innamorano di donne
molto più giovani, con le quali si ricostruiscono
una famiglia? E perché questo fenomeno pare
diffondersi anche tra le donne?* 160

*Posso restare amico di una persona con cui
ho avuto una relazione d'amore?* 161

Ci sono delle regole per far durare una coppia? 161

10 La fine dell'amore

*Cosa vuol dire quando due innamorati,
stando insieme, si annoiano?* 163

E se uno dei due si vergogna dell'altro? 163

Ci si può disinnamorare improvvisamente? 164

*Perché certe volte un amore finisce quasi
subito, o molto presto?* 165

E quando invece finisce dopo molti anni? 166

Come ti accorgi che non lo ami più? 167

E come ti accorgi che lui non ti ama più? 167

*L'amore finisce perché non era come
lo immaginavi?* 168

*È vero che la scomparsa del desiderio sessuale
significa crisi dell'amore?* 169

*Cosa succede quando vivi con uno
e ti innamori di un altro?* 169

Perché la separazione e il divorzio sono sempre traumatici?   170

È vero che nella separazione a soffrire sono i figli?   171

11   L'amante

Anche in quest'epoca di libertà sessuale e con il divorzio esiste ancora la figura dell'amante?   173

Perché uno si fa un'amante?   174

Cos'è l'amicizia erotica?   174

L'amicizia erotica è difficile?   175

E se uno dei due amici si innamora?   176

Conta molto il sesso nella relazione con l'amante?   176

Due amanti possono essere profondamente innamorati?   177

È vero che il tradimento viene quasi sempre scoperto?   178

Perché spesso le amanti non vogliono restare clandestine?   178

Confessare o no?   179

È vero che talvolta un amante può migliorare il matrimonio?   180

12   Il gioco dell'amore

È vero che «in amor vince chi fugge»?   181

Serve far ingelosire chi vogliamo che si innamori di noi?   181

Ma non può provocare anche la reazione opposta?   182

Ci si può innamorare su internet?   183

Si può parlare d'amore col solo telefono?   183

Si può riconquistare una persona che ha smesso di amarti?   184

Un tempo si diceva che l'uomo è cacciatore, ma ora?   185

Chi vince nella competizione sessuale? Chi arriva primo o chi arriva ultimo?   186

Cosa sono le utopie erotiche?   186

Perché alcuni vogliono fare all'amore in tre o in quattro?   187

La promiscuità è contagiosa?   188

Ci sono ancora delle inibizioni, dei tabù sessuali?   189

È dannosa la pornografia? 189

La pornografia interessa più i maschi
o più le femmine? 190

Perché ogni tanto diventano famose
delle scrittrici adolescenti? 191

L'amore è più gioia o più dolore? 192

Ma se l'amore può provocare tanta sofferenza
cosa ci dà poi di positivo? 192

Lezioni d'amore

Introduzione

Viviamo in un'epoca fredda, di disincanto, in cui la gente non è animata da una grande speranza, non ha grandi sogni, grandi progetti. Molti considerano l'innamoramento un eccesso emotivo, una infatuazione, o una deliziosa illusione che, però, dopo poco tempo si spegne non lasciando nulla. Non credono sia una forza creativa dove intelligenza e passione trasfigurano il presente e plasmano il futuro. Invece l'innamoramento, se è vero innamoramento, diventa amore, istituzione, durata.
Molti sono convinti che la nostra sia un'epoca individualista, che mette in primo piano l'individuo. No, nel modo più assoluto. I giovani vivono in gruppo, seguono quello che fa il gruppo, hanno paura di esporsi da soli, di rischiare da soli. Ma quando ti innamori sei so-

lo, sei un individuo davanti ad un altro individuo, unico, inconfondibile ed insostituibile. Altri confondono l'individualità con l'egoismo, l'arroganza, l'indifferenza. Mentre nell'amore l'individuo si apre, si dedica, si spalanca all'amato e al mondo.

Altri confondono sesso e amore. Nell'essere umano esistono due diverse tendenze: quella sessuale che ci porta a cercare il piacere immediato ed a cambiare, esplorare. L'altra, l'amore, che tende a riunire, a fondere, a conoscere. Quando queste due tendenze si separano troppo ci impoveriamo. Con il sesso sempre più precoce e sempre più facile, oggi tende a prevalere la prima tendenza perché dà un piacere immediato, perché è semplice, non crea batticuore, ansie, gelosie, problemi. Ma il sesso da solo non ci basta, ci inaridisce, ci lascia un vuoto che può essere colmato solo dall'unione intima con l'amore.

Per questo motivo, nonostante abbia scritto già diversi libri su innamoramento, amore, sesso, erotismo ed amicizia, mi è parso il momento di scriverne uno che riprende questi temi in modo completo e semplice. Un libro di facile lettura e di facile consultazione. Lo dedico a tutti coloro che sentono nel cuore il desiderio d'amore, a quelli che lo stanno vivendo, a quelli che ne provano nostalgia, a coloro che vogliono capirlo. Mi auguro sia utile perché l'innamoramento e l'amore sono processi complessi, difficili da analizzare. Circolano tanti luoghi comuni, tante parole sbagliate, tanti pregiudizi che nascondono la verità. Ed invece è così importante capire ciò che stiamo provando noi, ciò che sta provando l'altro, ed esprimerlo con le parole adatte, con i concetti adatti: saper parlare, sapersi parlare d'amore.

Voi tutti sapete che esistono ed escono continuamente moltissimi manuali sul sesso, ma vi sono pochissime opere che aiutano a riconoscere, descrivere, analizzare le nostre emozioni amorose, che ci insegnano a fare le scelte giuste, a capire se sbagliamo e dove sbagliamo. L'amore è la più grande fonte di felicità, ma dobbiamo saperlo cercare e conservare.

È questo lo scopo di *Lezioni d'amore*: aiutare a vivere un amore felice. Naturalmente prendendo in esame il sesso, l'erotismo, le varie forme di piacere, le somiglianze o le differenze fra maschi e femmine, le varie forme di amore, dal vero innamoramento alle infatuazioni che svaniscono rapidamente. Un esame ricco e completo.

Per essere semplice e chiaro, ho scelto la forma espositiva più elementare, quella della domanda e della risposta. Le duecento domande le ho raccolte nel corso del tempo, sono state fatte da donne e uomini, giovani e vecchi, italiani e stranieri, etero ed omosessuali, innamorati e non. A ciascuna ho cercato di dare una risposta breve ma esauriente, approfondita ma chiara, scritta con un linguaggio ad un tempo scientifico e poetico. Perché il sapere è scienza, ma l'amore parla sempre in poesia.

1 Innamoramento e amore

In quest'epoca di rapporti superficiali, di sesso facile, di droga, di promiscuità c'è ancora spazio per il vero innamoramento, il grande amore?

Sì, c'è ancora. Perché nell'essere umano esistono due tendenze innate, la prima che ci porta ad esplorare e ad avere nuove esperienze sessuali, e la seconda che ci porta a cercare un rapporto profondo, duraturo ed esclusivo con una sola persona, l'unica che conta in tutto il mondo. Il sesso appartiene alla prima tendenza, l'amore dell'innamoramento alla seconda. Oggi prevale la prima, come è accaduto altre volte nella storia. Domani tornerà a prevalere la seconda. Ma, anche se la prima è dominante sui mezzi di comunicazione di massa e sul web, l'altra continua ad essere presente in ciascuno di noi. Per questo anche la donna che ha avuto cento amanti, e l'uomo che è sempre passato da una all'altra, un giorno si innamorano e scoprono stupiti di desiderare disperatamente una sola persona, solo lei. Mi dice una donna bellissima: «La vera felicità l'ho provata quando mi sono innamorata a vent'anni; poi ho fatto all'amore con tanti uomini, per gioco, per curiosità, per piacere, per vanità, per il gusto della conquista, perché ne ero infatuata, ma non ho mai più provato la beatitudine di allora. Solo oggi che, dopo tanto tempo sono di nuovo innamorata e riamata, riprovo la stessa estasi, anzi molto, molto di più. È come se gustassi per la prima volta i sapori, se vedessi per la prima volta i colori, se udissi per la prima volta la musica. E mi accorgo che la mia vita è sempre stata arida perché il sesso senza amore non è niente, fuso con l'amore è tutto. E se non l'hai provato, non hai provato nulla».

Ma come può una persona sola dare più felicità di tante altre?

Il nostro amato non è confrontabile con nessun altro. «L'altro che io amo e che mi affascina» scrive Roland Barthes «è *atopos*. Io non posso classificarlo, poiché egli è precisamente l'Unico, l'Immagine irripetibile che corrisponde miracolosamente alla specificità del mio desiderio. È la figura della mia verità: esso non può essere fissato in alcuno stereotipo.» Egli è l'unico, assolutamente l'unico essere vivente che io possa amare. Chiunque altro incontri, non può rimpiazzarlo, non troverò mai nessuno come lui, meglio di lui. Se lui mi ama, mi meraviglio della incredibile fortuna che mi è capitata. Sento che mi è stato dato qualcosa che non avrei mai nemmeno potuto immaginare, sognare.

Cos'è l'innamoramento?

Dal punto di vista scientifico, sociologico e psicologico è lo *stato nascente* di un movimento collettivo formato da due sole persone. Ogni persona è inserita in una trama di relazioni sociali, di doveri e di affetti consolidati. Nell'innamoramento due persone rompono questi legami e stabiliscono fra di loro un rapporto erotico e spirituale nuovo e straordinario e formano una nuova comunità, la coppia. All'interno di essa, entrambi ristrutturano tutti i rapporti che avevano con la propria famiglia, gli amici, il lavoro, la religione, la politica. Perciò dal punto di vista individuale è una rinascita e, dal punto di vista sociale, una rivoluzione che crea una nuova collettività: la coppia, più viva, più felice, più stabile di quella precedente.

Perché ci innamoriamo?

Perché eravamo insoddisfatti, inquieti, soli, ma anche pieni di vita e pronti ad un nuovo incontro, a rinascere liberi e felici. L'innamoramento esplode quando l'individuo si sente compresso, tarpato, imprigionato, impedito nell'esprimere le sue potenzialità e allora, incontrando un altro nella sua stessa situazione, si apre, si libera, fiorisce. Per far sbocciare i fiori, occorre togliere l'acqua. La pianta, di fronte al pericolo, apre i petali, diffonde il suo polline e genera nuova vita. Si innamora il giovane che lascia la famiglia e si affaccia al mondo, si innamora la persona che ha cambiato città e lavoro, che corre verso il nuovo. Si innamora chi scopre di vivere una vita troppo arida e vuota, e sente ardere dentro di sé il desiderio di una felicità che non ha mai provato.

Quando ci innamoriamo?

Quando siamo stanchi del passato e pronti a cambiare, a rischiare sul nuovo. Perché siamo mutati interiormente, perché è cambiato l'ambiente in cui ci troviamo, perché stiamo male con la persona con cui viviamo, perché non riusciamo a realizzare i nostri desideri profondi, ad esprimere le nostre potenzialità, perché ci sentiamo prigionieri delle abitudini, della ipocrisia, della noia. Ma anche perché abbiamo avuto una promozione, un successo e desideriamo realizzare sogni a cui prima avevamo sempre rinunciato. Allora cerchiamo qualcuno che ci faccia assaporare un nuovo modo di essere. Possiamo perciò innamorarci a qualsiasi età, ma soprattutto nelle svolte della nostra vita. Quando passiamo dalle scuole medie alle superiori, quando ci iscriviamo all'università, o quando cambiamo lavoro, città, o a quarant'anni quando inizia la maturità, o anche a sessanta, a settanta quando inizia la vecchiaia, ma siamo pieni di vita e di voglia di vivere.

È vero che ci innamoriamo nei periodi in cui siamo felici?

No. Chi è in pace con se stesso e col suo ambiente,

chi è soddisfatto di ciò che ha, chi è appagato da ciò che sta facendo, non mette tutto in gioco innamorandosi di una persona con cui ricominciare da capo. L'innamoramento è una rivoluzione e nessuno fa una rivoluzione se è contento di ciò che possiede. Si ribella chi possedeva qualcosa che gli è stato tolto, chi sperava ed è stato deluso, chi era prigioniero e aspirava alla libertà, chi aveva un sogno e non ha mai potuto realizzarlo. L'amore è rischio e non rischi se non vuoi cambiare la tua vita, se non vuoi più di ciò che hai.

Ci innamoriamo di chi è simile o di chi è opposto?

Né dell'uno né dell'altro, e di tutti e due. Perché ci innamoriamo di chi ci completa, ci arricchisce e che, quindi, deve essere in qualche modo affine a noi per darci cose che possiamo assimilare, ma anche diverso, in certi punti addirittura opposto, per darci ciò che non abbiamo e consentirci di cambiare.

Di chi ci innamoriamo dunque?

Della persona che, nel particolarissimo periodo in cui siamo predisposti ad innamorarci, col suo comportamento, con i suoi sentimenti, con i suoi valori, con la vita che ha vissuto, con i suoi sogni, con il suo slancio, con il suo calore, la sua intelligenza, la sua gioia di vivere, con la sua bellezza, col piacere che ci fa provare, ci fa capire che, insieme, possiamo realizzare i nostri desideri più profondi, essenziali, anche quelli proibiti, quelli che non abbiamo nemmeno il coraggio di confessare a noi stessi. Quella con cui possiamo colmare tutti i vuoti della nostra anima, realizzare tutte le nostre potenzialità. Allora proviamo una attrazione irresistibile, e il bisogno di fonderci spiritualmente e fisicamente con lei.

Quando veniamo ricambiati e quando no?

Per essere ricambiati occorre che anche l'altra persona sia predisposta a mutare e trovi in noi quello che le manca, quello che le indica la direzione. Allora avviene il *riconoscimento*, la reciprocità. Tuttavia può capitare che, pur essendo potenzialmente adatta a noi, lei si trovi in una fase della sua vita in cui non si può innamorare. Per esempio è appena uscita da una delusione amorosa, oppure è ancora prigioniera di un precedente innamoramento. Altre volte il riconoscimento non avviene perché non riusciamo a presentarci nel modo adatto, a comunicare nel modo giusto, oppure entrambi facciamo qualche errore che ci allontana. Quindi se ci innamoriamo, anche quando non veniamo ricambiati, vuol dire che quella persona aveva delle cose da darci e noi delle cose da dare a lei.

Perché ci accorgiamo di essere innamorati in modo improvviso?

È come se dovessimo risolvere un puzzle: trovare la figura nascosta che corrisponde all'insieme dei nostri bisogni più profondi, ma che noi stessi non conosciamo. Ogni persona che incontriamo ha qualcuna delle caratteristiche della figura sconosciuta, ma non tutte. Ogni tanto abbiamo l'impressione di aver trovato la combinazione giusta e di vederla emergere intera, ma non è vero. Fino al momento in cui, improvvisamente, i frammenti si accordano ed ecco che vediamo, stupefatti, la figura completa. La figura ideale che cercavamo! Proprio quella che riunisce in sé tutte le caratteristiche, tutte le qualità di cui avevamo bisogno. Solo lei è la risposta: la ricerca è finita.

Come facciamo a capire se è un vero innamoramento?

Perché la persona amata è la prima cosa che ci viene in mente al mattino, l'ultima prima di addormentarci. Perché stando con lei abbiamo momenti di felicità indicibile. E con lei siamo sempre sereni, in pace, ma basta che ce ne allontaniamo per sentire che abbiamo perso qualcosa, e ci sentiamo incompleti. Perché una vita senza di lei è inconcepibile, triste, vuota, arida, terrificante. Perché, dopo aver fatto all'amore, proviamo il bisogno di restarle accanto, di abbracciarla, di baciarla come prima. Perché, accanto a lei, tutto diventa delizioso, anche camminare insieme per strada, o prendere un caffè, o guardare le vetrine o restare seduti su una panchina ai giardini pubblici. E non ci stanchiamo di ascoltarla, di raccontarci la nostra vita, di scambiarci le esperienze fatte. Perché, nel periodo in cui è lontana da tempo, qualunque cosa facciamo e con chiunque siamo, proviamo, nel profondo del cuore, un languore che può diventare strazio se non ci telefona, se non ci scrive. E tutto questo dura nel tempo, ed ogni giorno, ogni mese che passa, anziché diminuire cresce; cresce finché non comprendiamo che il nostro amato è diventato il nostro cuore e la nostra anima.

La gelosia può rivelare un amore?

Qualche volta sì. Voglio darvi un esempio. Max voleva bene a Jenny, ma non aveva mai pensato di esserne innamorato fino a quella sera, a quella festa. Un celebre attore si era seduto al loro tavolo, parlava all'orecchio di Jenny, lei rideva e poi si sono allontanati insieme nel parco. Allora, improvvisamente, Max è stato preso da uno spaventoso attacco di gelosia. Non era mai stato minimamente geloso anche quando lei gli aveva raccontato di aver avuto altri uomini. E invece ora gli pareva di impazzire. Il nuovo venuto era un attore e Jenny era una donna che era vissuta sempre con personaggi dello spettacolo. Si sentiva in inferiorità. E capiva, senza ombra di dubbio che la voleva per sé, per sé solo, e per sempre. Si è messo a seguirli, si è accostato a loro in modo perfino irritante finché ad un certo punto, con una scusa, l'ha trascinata via. Poi l'ha presa fra le braccia e le ha detto tutto d'un fiato: «Ti amo».

E la lontananza?

Sì, anche la lontananza può rivelare un amore. Anche qui citerò un caso. Un uomo ed una donna erano amici da tempo, facevano all'amore. Lei sapeva di amarlo, lui no. Poi la ragazza è partita per un lungo viaggio. Qualche telefonata, qualche SMS. Poi c'è stata una interruzione delle comunicazioni per motivi tecnici e il nostro amico è stato preso dal panico. «Non sentendoti» dice «è avvenuta dentro di me come una esplosione, e mi ha preso un terrore folle. Mi mancava qualcosa di essenziale, di vitale, l'aria. Non potevo più respirare, e sentivo un dolore atroce, terribile, una morsa al cuore, un dolore come da infarto e la consapevolezza lucida, assoluta, che non potevo e non avrei mai più potuto vivere senza di te, senza rivederti, senza poterti toccare. E il bisogno assoluto di parlarti. Giravo e ti chiamavo dentro il telefono muto. E scuotevo la testa come impazzito e correvo avanti e indietro per la strada e la gente mi guardava. Non so quanto tempo è durata quella interruzione, se ore, giorni, o anni. Io so che chiamavo ogni cinque minuti, poi mi vergognavo, mi imponevo di controllarmi, ma non ce la facevo, riprovavo... non puoi immaginare quanto sia lungo un secondo... Poi, dopo un tempo incredibile, arriva la tua voce! Ed io grido: Ti amo! Ti amo! Ti amo!»

Si dice che la gelosia sia un segno d'amore. Significa che chi non è geloso non ama?

Se amiamo, vogliamo che l'altro ci ami in modo esclusivo, e quando temiamo che il nostro amato preferisca, anche solo momentaneamente, un'altra persona diventiamo gelosi. Quando non amiamo non ci interessa che ami solo noi, che voglia solo noi. Però è sbagliato immaginare che quanto più amiamo tanto più siamo gelosi. Si può amare moltissimo e non provare nessuna gelosia. È quanto succede quando due persone si innamorano pazzamente l'una dell'altra, ma sono sicure del loro amore e, se uno dei due viene preso dal dubbio, l'altro riesce immediatamente a rassicurarlo. Le persone profondamente innamorate possono diventare gelose solo quando restano lontane molto tempo (e così non possono rassicurarsi continuamente) e qualcuno ne approfitta instillando in loro il dubbio.

C'è qualcosa nel comportamento degli innamorati che permette di riconoscerli?

Si, ma non è il camminare strettamente abbracciati, o darsi baci appassionati, o gli sguardi languidi, anche se sono tutti segni di attrazione e di amore. È piuttosto il modo delicato con cui camminano insieme, con cui si prendono la mano, con cui si toccano. Come se ogni gesto fosse una carezza. Poi il modo in cui si guardano, intensamente, ma con tenerezza e con una grande serenità. Vedendoli insieme intuisci che non hanno più invidie, ambizioni, rancori. Sono in pace e trasmettono pace. Sono gentili e trasmettono gentilezza. Le persone che hanno molto amato li riconoscono immediatamente perché fanno rivivere in loro i sentimenti perduti.

Gli innamorati quale altra esperienza straordinaria possono provare?

Due esperienze molto speciali.
La prima è l'esperienza del presente dilatato, della scomparsa del tempo. In certi momenti, stando con l'amato, tutto diventa eterno. Le cose si muovono, ma il tempo non scorre, non c'è più la durata perché non c'è più il desiderare, non c'è più l'attesa, non c'è più l'azione, non c'è niente che debba essere fatto. Non vuoi nulla al di fuori di ciò che stai vivendo e che è perfetto in se stesso. Non hanno più senso né il passato né il futuro. Conta solo il presente, che però non è un istante: è un durare pieno, completo

che potrebbe continuare identico per l'eternità. La seconda è che ad ogni incontro amoroso tutti e due gli amanti provano qualcosa di nuovo, un piacere più grande, più straordinario, si amano più a fondo, si desiderano più a fondo. Si conoscono più a fondo che nell'incontro precedente. Ogni volta pensano sia il massimo, ma non è così, la volta successiva provano sensazioni, emozioni nuove, un piacere mai sentito prima, scoprono qualità nascoste del loro amato, lo desiderano di più. L'amore ci dà «sempre di più» e ci appare così infinito, illimitato, come l'universo. E questa esperienza di crescita infinita può durare anni!

Perché, anche quando sappiamo che l'altro ci ama, gli chiediamo «mi ami?»?

Noi non possiamo darci valore da soli. Ce lo danno gli altri fin da bambini amandoci, apprezzandoci, dicendoci bravo. In realtà non possiamo dare valore a nulla perché sono gli altri che, col loro comportamento o con le loro parole, ci dicono cosa è buono o cattivo, cosa è desiderabile. Qualunque cosa facciamo, per sapere se vale, se ce la siamo meritata, dobbiamo dipendere dagli altri, siamo sempre in loro balìa, alla mercé del loro capriccio. C'è solo un momento nella vita in cui ci liberiamo da questa schiavitù: quando siamo innamorati e riamati. Il nostro amato è l'unico essere in tutto il mondo, in tutto l'universo che ha e che ci dà valore. È l'unico che può fugare tutti i turbamenti della nostra vita, tutte le delusioni dicendoci che ci ama. Per questo glielo chiediamo anche se lo sappiamo già, anzi proprio perché lo sappiamo già.

Quante volte possiamo innamorarci nella vita?

Pochissime volte, solo quando affrontiamo dei grandi cambiamenti. Ma, voi mi direte, c'è gente che afferma di innamorarsi in continuazione, anche ogni quindici giorni. No, no, questi non sono innamoramenti, sono *attrazioni* improvvise, *fascinazioni*, *infatuazioni*, *cotte*, tutti fenomeni di breve durata che esamineremo in seguito. L'innamoramento è una vera e propria rivoluzione, un cambiamento radicale e, quindi, raro.

L'amore che emerge dall'innamoramento può durare tutta la vita?

Sì ma, con l'aumento della speranza di vita fino a ottant'anni, con la frenetica mobilità del mondo moderno, è difficile che succeda. Di solito abbiamo due o tre cicli vitali, ciascuno con un nuovo innamoramento, ma sempre con un intervallo di tempo in mezzo, perché l'amore ti prende tutto, vuole tutto. Però conosco persone che hanno avuto un unico grande amore quando erano giovani e, anche se poi hanno sposato un altro o altri, nel profondo hanno continuato ad amare il loro primo amore e ad averne nostalgia. E ho conosciuto molte donne che, in realtà, per tutta la vita hanno amato un solo uomo. Oggi è di moda farsi beffe dell'innamoramento, ma è solo una difesa contro la delusione. Nel profondo del cuore di ogni donna c'è sempre il sogno di un grande amore che dura, sempre vivo, sempre rinnovato, sempre ardente.

Possiamo innamorarci di due persone contemporaneamente?

No. Quando siamo predisposti ad innamorarci, quando andiamo oscuramente alla ricerca di chi sarà l'eletto, per qualche tempo possiamo essere attratti prima da una, poi da un'altra persona e, in certi momenti, essere incerti fra due. Ma perché non è ancora scattato l'innamoramento: in realtà non eravamo innamorati né dell'una né dell'altra. No, non possiamo innamorarci contemporaneamente di due persone differenti perché l'innamoramento consiste, nella sua essenza, nella scelta di quella persona unica ed inconfondibile, diversa da ogni altra, non paragonabile e non sostituibile da nessun'altra <u>che corrisponde miracolosamente al nostro desiderio totale.</u>

Possiamo amare, voler bene, a due persone contemporaneamente?

Possiamo essere innamorati di una persona e continuare a volere molto bene a quella con cui vivevamo prima, soprattutto se abbiamo vissuto assieme per molto tempo. E potremmo anche restarle accanto, prendercene cura. Ma di solito è impossibile perché lei non accetta il nostro nuovo amore, non sopporta di dividerci con altri. Nella coppia, anche se la passione è finita da un pezzo, ciascuno continua a pretendere l'esclusiva. Nei Paesi in cui esiste la poligamia, la donna si sposa sapendo già che arriverà una nuova moglie e, anche se non ne è contenta, non si ribella. Ma da noi la coppia si forma sulla base dell'esclusività e quindi, se uno dei due si innamora di un altro, la vecchia relazione, di solito, finisce con un divorzio.

Quando siamo realmente innamorati di uno possiamo innamorarci di un altro?

No, nel modo più assoluto. Durante lo *stato nascente* dell'innamoramento e durante un amore felice noi non abbiamo nessuna spinta interna al cambiamento. Quando succede è perché, in realtà, non eravamo innamorati o il nostro amore aveva incominciato a deteriorarsi e aspiravamo a qualcosa di nuovo. Ma nell'innamoramento in atto, questo non può accadere perché siamo pienamente appagati e totalmente indifferenti a qualsiasi altra persona, fosse anche il divo o la diva più bella del mondo. Quando siamo innamorati possiamo avere rapporti sessuali con qualcun altro, ma solo per accorgerci che non può darci nulla, mentre il nostro amato ci dà tutto.

L'innamoramento rende timidi, vulnerabili, cosa fare per difendersi?

L'innamoramento ci rende rispettosi, adoranti, timidi. Il ragazzo innamorato perciò corre il rischio di vedere che la sua amata gli preferisce uno che non l'ama ma è brillante e sa farla ridere, divertire. E la ragazza innamorata resta allibita vedendo che l'uomo più forte e più intelligente cede di fronte alle moine, ai vezzi, alla seduzione di donne mediocri ma spregiudicate. Così, nel profondo del loro cuore, tanto i maschi come le femmine temono che l'amore profondo, vero, sincero non venga riconosciuto, perché l'altro si fa irretire dall'artificio, dalla manipolazione. Per questo è molto importante l'aiuto e il consiglio di un amico o di una amica che ti possono ridare fiducia e, se sei in dubbio, aiutarti a distinguere fra chi recita e chi invece è veramente innamorato.

Cos'è la passione amorosa?

Passione viene da patire, soffrire. Noi parliamo della passione di Gesù Cristo, della passione di Giovanna d'Arco. L'amore diventa passione quando diventa tensione, sofferenza. La passione è un amore in cui ogni tua aspirazione, ogni tuo pensiero, ogni tuo desiderio, sono protesi verso un amato che non puoi raggiungere o non puoi raggiungere pienamente. È una sete inestinguibile che rinasce ogni istante senza darti tregua, e si placa soltanto quando sei abbracciato a lui e lui ti dice che ti ama. Ma c'è un ostacolo, qualcosa che vi divide, ed allora il desiderio diventa parossistico. L'amore di Tristano e Isotta, di Lancillotto e Ginevra diventa passione perché il cavaliere è frenato dalla lealtà verso il suo re e la regina da quella verso il suo sposo. Non potendosi amare vanno inesorabilmente verso la morte. Ma la passione c'è anche oggi quando i due amanti sono costretti a restare lontani, a vedersi poco, e il loro desiderio di stare insieme, di fare all'amore, di fondersi è impedito e diventa straziante.

2 Dal colpo di fulmine all'amore completo

Cos'è il colpo di fulmine?

È una violenta impressione di fascinazione: improvvisamente vediamo una persona che ci attrae, ci affascina, la sentiamo affine, siamo spinti violentemente a desiderarla, a cercarla. Io lo spiego così: noi ci difendiamo sempre dall'innamoramento perché può travolgerci e cambiare la nostra vita. Però, quando siamo predisposti ad innamorarci, quando inconsciamente andiamo alla ricerca della persona da amare, abbassiamo le nostre difese. È in quel momento che la visione di una persona di cui *potresti innamorarti* riesce a penetrare e ti inebria. Ma, attento, non sei ancora innamorato. Se te ne vai, se non la rivedi per lungo tempo la dimentichi o te ne resta solo il ricordo, talvolta una vaga nostalgia. E se la rivedi in un'altra circostanza puoi non avere più la stessa impressione. Nel vero innamoramento invece il miracolo si ripete una seconda volta, poi una terza, poi ad ogni incontro. Ogni volta ti colpisce un particolare, ogni volta hai la sconcertante esperienza della perfezione.

Esiste l'amore a prima vista?

No, non esiste. L'innamoramento può incominciare con uno sguardo, con un colpo di fulmine, ma è sempre un processo con domande, dubbi, momenti di esaltazione e di incertezza. Ti domandi: «L'amo o non l'amo? Mi ama o non mi ama?». Ora hai l'impressione che sia stata una illusione momentanea, poco dopo ti manca disperatamente. Fino al momento in cui ti rendi conto che sei innamorato, che la stregoneria è permanente. Ma non è detto che il processo sia finito, possono sorgere dubbi, incomprensioni, gelosie, amarezze. L'innamoramento può anche abortire; se invece supera le difficoltà, si rafforza, continua più intenso. Ripensando a questa stupenda esperienza hai l'impressione che sia avvenuto tutto all'inizio, che l'amore fosse già completo e solare fin dal primo sguardo e dici che è stato un «amore a prima vista».

Se l'innamorameno è un processo, vuol dire che non ci abbandoniamo istantaneamente all'amore?

Il maschio ha paura dell'innamoramento, se ne difende, cede a poco a poco, con fatica. La donna nell'innamoramento improvviso si sente affascinata da quell'uomo particolare, vuol stare con lui ma, nello stesso tempo, ne è stupita. È stupita dalle proprie sensazioni. È come se lui avesse abbattuto la porta della sua casa e fosse entrato di forza, non atteso eppur gradito. Gli è grata, però non lo conduce subito nelle innumerevoli stanze di cui è costituito il suo corpo e la sua anima. Resta con lui in una sola, vive una situazione di incantamento ma, per portarlo oltre, per rivelare le potenzialità del suo corpo, ha bisogno di tempo.

Quanto tempo dura l'innamoramento?

Lo *stato nascente* dell'innamoramento, quello in cui noi ci sentiamo fusi con l'altro e tutto il mondo ci appare trasfigurato, può durare al massimo due anni. Ma lo *stato nascente* non svanisce: si trasforma in un legame meno inquieto, ma sempre appassionato, ardente, e più solido, forte, sicuro. *L'innamoramento diventa gradual-*

mente amore e perciò noi possiamo continuare *a restare innamorati* (in inglese *to be in love,* in francese *être amoureux*) molti anni e continuare a vivere una esperienza di straordinaria felicità. Non solo, ogni tanto lo *stato nascente* si riaccende, ci *re-innamoriamo* del nostro amato. Così, anche dopo molti anni, l'amore nato dall'innamoramento può rivivere con il batticuore, la passione, il desiderio, lo spasimo e l'ebbrezza delle origini.

Ma cos'è esattamente lo stato nascente?

È una rinascita, l'inizio di una nuova vita: *Incipit vita nova!* È il momento della rottura delle costrizioni sociali, delle ipocrisie che ci imprigionavano, il momento della liberazione, quando, spezzate le catene, ci affacciamo su un mondo in cui non ci sono più i vincoli, gli intralci del passato e dove la vita è vera, autentica, felice. Dove i colori sono più vivi, ogni cosa meravigliosa. È il momento in cui ci buttiamo in avanti pieni di energia, di speranza, con l'esperienza esaltante che tutto è possibile.
Dobbiamo tener presente che c'è uno *stato nascente* di gruppo e uno *stato nascente* di coppia. In quello di gruppo si forma una nuova comu-

nità politica o religiosa entusiasta, animata da una utopia, in cui ciascuno ama i suoi compagni, i suoi fratelli. Quello di coppia, l'*innamoramento*, invece è formato da due sole persone, ciascuna delle quali ama appassionatamente l'altra, ed è sicura che con lei potrà realizzare una esistenza piena, felice, senza più gli errori, le mancanze e la schiavitù di un tempo.

Come si passa dallo stato nascente dell'innamoramento all'amore?

Attraverso un lungo processo in cui ciascuno studia l'altro, lo conosce più profondamente, gli confida ciò che sogna, ciò che vuole, e l'altro fa lo stesso con lui. Perché ciascuno vuol realizzare pienamente se stesso, essere felice e, nello stesso tempo, far sì che l'altro si realizzi, sia felice. Entrambi poi costruiscono un modo nuovo di vivere, un *progetto di vita comune*, e poiché sono personalità distinte devono mutare. Poi prendono impegni, *fanno patti* impliciti o espliciti.
Il patto è l'atto essenziale del passaggio dall'innamoramento all'amore. Esso costituisce il riconoscimento del *limite alle nostre pretese e il riconoscimento dei bisogni essenziali, dei diritti*

dell'altro. Conferma, con un impegno solenne, la nostra unità e, nello stesso tempo, stabilisce il rispetto delle nostre diversità. Con il patto ciascuno saprà che l'altro gli darà tutto ciò che può dare, senza riserve e non gli chiederà ciò che non può chiedere.
Se il mio amato ha assoluto bisogno di certe cose, io devo capirlo, e rinunciare ad alcune mie abitudini per rispondere al suo bisogno. Mi impegnerò ad essergli fedele, a rispettare la sua libertà, la sua dignità. E lui farà lo stesso con me. Ma lo faremo con gioia, con tutto lo slancio della nostra passione, senza riserve. Questo è *il patto*, un impegno che nessuno può e vuole violare. Le nuove certezze diventano il punto di partenza per riorganizzare la nostra vita quotidiana. L'innamoramento è diventato amore.

E se il processo di passaggio si blocca, si interrompe, cosa succede?

L'innamoramento abortisce, si dissolve, scompare, diventa incomprensione, amarezza, conflitto. I due cessano di amarsi, dimenticano perfino di essersi amati. Innamoramento e amore sono un continuo. Prendiamo questo caso. Una donna giovane, bella, libera, abituata a viaggiare, è attratta da un uomo brillante che la porta alle feste più scatenate. Lei ne è affascinata, lo invita a vivere da lei, gli dà i soldi per aprire un ristorante. Ma in poco tempo si accorge che non è come lo immaginava. Incominciata la vita insieme, lui la lascia a casa, esce la sera con gli amici, va con altre donne. La ragazza si rende conto che non sapeva nulla di lui, e che lui non aveva capito niente di lei. Che erano due sconosciuti, che non avevano fatto né patti né progetti realizzabili. Che il suo non era un amore fondato sulla conoscenza, sulla affinità, sulla comprensione profonda ma *una infatuazione*. E perciò svanisce rapidamente come era apparso. Si accorge di non essere più innamorata. Dopo una fase di collera e di depressione, una mattina lo lascia, se ne va abbandonando tutto: mobili, ristorante, perfino la valigia con i vestiti. Cambia città, volta pagina, incomincia una nuova vita.

Inglesi e francesi al posto di innamoramento dicono «cadere in amore»: tomber amoureux e to fall in love. Perché?

Perché confondono l'innamoramento con il momento in cui ci rendiamo conto di essere innamorati. L'innamoramento incomincia come una attrazione improvvisa, un pensiero ricorrente, un languore strano, una misteriosa gelosia. Poi c'è un istante in cui capiamo che quella nostalgia è diversa dalle altre, è un incantesimo di cui non riusciamo a liberarci: è amore. Gli uomini di solito lo capiscono dopo le donne, magari quando lei è lontana e scoppiano a piangere. Le parole *tomber amoureux, falling in love* indicano questo improvviso rendersi conto di essere innamorati, come un precipitare improvviso (*tomber, to fall*). Per questo la parola italiana «innamoramento» è più precisa: essa indica tutto il processo: dal primo languore, alla scoperta di amarsi, al vivere felici il proprio amore.

E perché lo chiamano romantic love, amore romantico?

Perché gli psicologi americani sono di una ignoranza abissale e sono convinti che l'innamoramento abbia fatto la sua comparsa nel periodo romantico cioè nell'Ottocento. L'innamoramento, invece, c'è sempre stato. Troviamo coppie di innamorati nella Bibbia, Giacobbe e Rachele, Davide e Betsabea. Nel mondo romano, pensiamo a Cesare e Cleopatra. Le troviamo nelle *Mil-*

le e una notte, poi nel medioevo cristiano nelle vicende di Tristano e Isotta, Lancillotto e Ginevra, Paolo e Francesca. Poi in Dante, Petrarca, Ariosto, Shakespeare, Racine e Molière. L'innamoramento esiste in tutte le società del mondo, anche se è diventato la base del matrimonio solo in Occidente.

Ci sono persone che non si innamorano mai?

Sì. Ho già detto che tutti abbiamo delle difese contro l'innamoramento. Non vogliamo abbandonarci, lasciarci andare. Alcuni si difendono in modo così perfetto che non si innamorano mai. Di solito si tratta di persone che hanno avuto delle gravi frustrazioni nell'infanzia, delle gravi delusioni amorose nell'adolescenza o che sono depresse. Alcune donne si sono innamorate di un uomo più anziano di loro quando erano molto giovani, ma lui non le ha sapute capire, amare e sono rimaste amareggiate, deluse. Poi hanno fatto un altro tentativo con un uomo sbagliato e si sono inaridite. In seguito hanno cercato solo la conquista erotica, senza più abbandonarsi. Oppure, più semplicemente, non hanno più trovato un uomo che fosse all'altezza delle loro aspettative e che le sapesse amare.

Se vogliamo, possiamo non innamorarci?

Sì, ma solo se prendiamo la decisione immediatamente, se rompiamo immediatamente con chi incomincia a piacerci. Anche dopo aver avuto l'esperienza del colpo di fulmine possiamo non innamorarci se non vediamo più questa persona, evitiamo i luoghi in cui possiamo incontrarla e ci interessiamo ad altre. Ricordiamo che, anche quando ci sembra di essere stati catturati contro la nostra volontà, in realtà siamo sempre complici del nostro innamoramento. Se una persona ci piace la cerchiamo di nuovo, poi di nuovo ancora fino al punto in cui scatta quel «click» che ce la rende indispensabile. L'innamoramento non avviene in un istante, è sempre un processo che continua fino al momento in cui, improvvisamente, ci accorgiamo di essere innamorati. Ma allora è troppo tardi per tornare indietro.

Quando siamo già innamorati, possiamo disinnamorarci?

No, non possiamo disinnamorarci a piacimento. Possiamo lottare contro il nostro amore, distrarci, occuparci di cose interessanti, stabilire nuovi rapporti di amicizia, avere nuove esperienze erotiche, nuovi affetti. Ma il processo di guarigione di un amore deluso è sempre molto lento, può durare anni ed anni, e di solito termina completamente solo quando ci innamoriamo una seconda volta.

E se, quando siamo già innamorati, decidiamo di rompere con la persona che amiamo, di non vederla più, cosa accade?

È sempre una scelta difficile, ma accade. Alcuni lo hanno fatto per non fare soffrire la moglie o il marito che li aveva posti di fronte all'alternativa: o lei o me, o lui o mi uccido. Ma quando una persona è veramente innamorata, rinunciare così al proprio amore, oltre ad esser difficilissimo, ha sempre conseguenze molto gravi. Perché deve distruggere, uccidere ciò che rappresenta per lei la vita, il futuro, la felicità, la speranza. E diventa come di pietra, non sente più nulla, non riesce più nemmeno ad amare le persone per cui ha compiuto la rinuncia.

La differenza di cultura è un ostacolo all'innamoramento?

No, basta che il tuo amato ti porti qualcosa che ti completa. Prendiamo il caso di uno studioso che ha passato tutto il suo tempo sui libri e nei laboratori, ma non ha mai vissuto veramente la vita della gente normale. Incontra una donna che non ha la sua cultura, ma è viva, intelligente, coraggiosa, ha combattuto da sola, ha frequentato ambienti in cui lui non ha mai messo piede. E lo ama in modo erotico, con passione, gli trasmette ottimismo, gioia di vivere. Perché non dovrebbe innamorarsene? Questa donna gli dà quanto non ha mai avuto: lo porta con sé in un mondo che non avrebbe mai conosciuto, in cui non avrebbe mai osato entrare. Lui la arricchisce col suo sapere e la sua capacità di riflettere, ma lei lo arricchisce con l'intuizione, l'istinto, la vitalità. Si completano a vicenda.

L'innamoramento ci allontana o ci avvicina agli altri?

Ci avvicina. Gli innamorati, quando sono insieme, sono felici e vedono felici anche gli altri, sono gentili e perciò vengono trattati con gentilezza. Fanno volentieri il loro lavoro, sembrano non accorgersi delle difficoltà. Quindi sono nel mondo, inseriti nel mondo. Eppure, in un modo che sembra misterioso, restano anche diversi e separati dagli altri, perché fra di loro c'è un contatto specialissimo, unico, esclusivo, un continuo istintivo cercarsi e ritrovarsi, una misteriosa intimità dei loro corpi e dei loro spiriti, anche a distanza.

Gli innamorati perdono la loro individualità?

No, per carità! Il vero innamoramento potenzia la personalità di entrambi gli innamorati e consente loro di esprimere al massimo le proprie capacità. Nell'innamoramento ciascuno capisce più profondamente se stesso, si riconcilia con la propria vita e conosce profondamente l'altro, partecipa delle sue gioie e dei suoi dolori e vuole che sia libero e felice. La fusione ti consente di intuire cosa lui desidera e di darglielo e, se non lo sai, ti dà la confidenza per chiederglielo. E lo stesso fa lui con te. In questo modo diventate capaci di dirvi senza paura, senza inibizioni, senza pudori cosa desiderate faccia il vostro amato e diventate capaci di darvi reciprocamente un immenso piacere. E quello che avviene nel campo erotico avviene in ogni altro campo. Se lui ha bisogno chiede, se tu hai bisogno chiedi. Così vi aiutate in ogni circostanza, ed affrontate uniti tutte le difficoltà.

Il nostro amore è sempre intenso nello stesso modo?

No. Niente della psiche è immutabile come una pietra. Anche l'amore è fatto a onde con picchi e avvallamenti. Ci sono momenti in cui ti domandi addirittura se sei ancora innamorato: cos'ha poi di speciale questa persona? Ma pochi minuti dopo pensi a lei con nostalgia, poi con ansia, e desideri sentire la sua voce e le telefoni e le mandi messaggi in cui le chiedi assurdamente «Mi ami ancora?» come se l'amore potesse svanire in un giorno. E lei deve risponderti «Sì, ti amo, ti amo disperatamente, sei tutto per me» per rassicurarti. Ma poi toccherà lo stesso a lei qualche ora dopo. Solo quando siete insieme abbracciati, i vostri picchi di desiderio coincidono.

Che differenza c'è fra amicizia e amore?

L'amicizia è fondata sulla fiducia e si costruisce poco a poco con l'esperienza. L'amore invece nasce da una attrazione misteriosa. L'amicizia è sicurezza, l'amore rischio. Non puoi restare amico di uno che non ti è amico, mentre ti puoi innamorare di qualcuno che non ti corrisponde.

Quando incontriamo un amico, anche dopo anni, è come se lo avessimo lasciato un momento prima; riprendiamo la conversazione come se fosse un dialogo ininterrotto. Poi siamo lieti se lui ci racconta cosa gli è successo, ma non ne sentiamo la necessità assoluta. Invece del nostro innamorato vogliamo sapere tutto ciò che ha vissuto, tutto ciò che ha fatto nel periodo in cui era lontano. Il tempo dell'amicizia è *granulare*, mentre il tempo dell'innamoramento è *denso, continuo*. L'innamorato vuol essere con l'altro ogni istante, e per sempre.

È possibile una amicizia fra maschi e femmine senza sesso o amore?

Sì, è certamente possibile ed anche facile. Basta che ciascuno dei due si imponga di non andare mai oltre la porta della sessualità. Se questo passaggio non lo facciamo all'inizio, è difficile essere tentati di farlo in seguito, perché poi subentra la familiarità e un approccio diverso ci sembra inutile e sconveniente. L'attrazione erotica continua a diminuire con la familiarità e l'abitudine e poi scompare del tutto.

Possiamo innamorarci di un amico?

Certo. Quando sono cambiate le cose attorno a noi, quando noi stessi siamo mutati e diventati disponibili ad innamorarci, possiamo essere attratti da uno sconosciuto oppure da una persona che conoscevamo già, o da un amico. Allora improvvisamente lo vediamo con occhi diversi, stupefatti ed incantati. E tutto diventa batticuore, rischio...

Che differenza c'è nell'innamoramento fra maschi e femmine?

Nessuna. Maschi e femmine, così diversi sul piano erotico, quando si innamorano provano gli stessi sentimenti, le stesse ansie, le stesse passioni. L'innamoramento li rende simili. Quello che io ho chiamato lo *stato nascente* è infatti identico nei due sessi, e i neurofisiologi hanno dimostrato che l'innamoramento ha un circuito indipendente da quello del sesso. Esso nasce dalla ricerca di come realizzare le proprie potenzialità, i propri desideri nascosti. A scatenarlo può essere la bellezza, o l'ottimismo, o il coraggio, o la dolcezza, o lo spirito ribelle, o la moderazione, o uno scatenato erotismo. Ma c'è poi sempre il momento in cui si accende lo *stato nascente* e incomincia una nuova vita. Maschi e femmine non potrebbero comprendersi e parlare dell'amore se non ci fosse l'innamoramento in cui vivono la stessa esperienza.

E fra omosessuali ed eterosessuali?

Anche qui nessuna, assolutamente nessuna differenza. Le strutture dell'innamoramento, i suoi meccanismi di base, lo *stato nascente* sono identici negli omosessuali e negli eterosessuali. Diverse sono invece le preferenze, le sensibilità erotiche, le forme dell'attaccamento. Per esempio nella coppia eterosessuale tanto i maschi che le femmine non sopportano il tradimento sessuale del compagno. Anche se è stata una esperienza puramente fisica senza nessuna implicanza emotiva, ne fanno una malattia. Le coppie omosessuali maschili si comprendono meglio e sono più tolleranti. Quelle femminili sono più esclusive e gelose.

Si innamorano come noi anche i cinesi, i giapponesi, tutti gli altri popoli?

L'innamoramento esiste dovunque *ed è sempre lo stesso*, ma solo in Occidente gli individui sono da secoli liberi di amare e di sposare chi vogliono. Nella maggior parte delle altre società, in particolare in Cina, India, Giappone era la famiglia che sceglieva lo sposo o la sposa e, quindi, due che si innamoravano per conto proprio erano costretti a lasciarsi. In Giappone, ma non solo lì, gli innamorati infelici arrivavano a suicidarsi insieme. Gli unici che potevano innamorarsi senza timore erano i maschi molto ricchi e potenti che potevano avere numerose mogli e concubine.

Nel corso dei millenni, in queste società, la gente ha imparato a temere l'innamoramento, a non parlarne. Solo oggi anche in esse stanno penetrando, a poco a poco, le libertà occidentali e quindi anche l'innamoramento. Anzi oggi nelle società in cui i matrimoni sono combinati c'è una tensione e una continua ricerca dell'amore e dell'innamoramento. È un tema più ossessivo che da noi. Le donne leggono libri d'amore, cercano attorno a loro l'uomo da sognare la notte, e basta davvero poco per farle innamorare. Cercano e trovano un amato da incontrare di nascosto con mille sotterfugi.

L'innamoramento rende gli uomini uguali o disuguali?

Uguali. Gli imperatori egiziani, cinesi, i sultani, i rajah indiani avevano harem di migliaia di mogli e concubine. Ancora oggi i potenti, i ricchi, le persone famose possono permettersi tutto il sesso che vogliono. I poveri, gli umili molto meno. Ma anche i poveri, quando sono innamorati e riamati, hanno la donna o l'uomo più bello del mondo e non lo cambierebbero con nessun altro. Sono appagati, felici come i più grandi satrapi. La felicità data dall'innamoramento è la più grande forza uguagliatrice della terra. L'altra è la morte.

L'amore è un fenomeno biochimico del cervello?

Sì. Tutte le emozioni, l'odio, l'amore, la compassione, la collera, tutti i pensieri, hanno un corrispondente nel cervello. Anche quando Einstein ha inventato la teoria della relatività è successo qualcosa nel suo cervello, sono avvenute reazioni elettriche e chimiche fra i suoi neuroni. Anche durante l'innamoramento si mettono in moto processi elettrici e biochimici che i neuropsicologi hanno incominciato a studiare. Ma come per capire la teoria della relatività serve poco sapere che ha una base nel cervello, così per capire l'innamoramento serve poco sapere che ha una base nella biochimica cerebrale. Quando ti dici «è solo un fatto biochimico» il tuo amore non diminuisce e, se soffri, la tua sofferenza non scompare.

Con la medicina si può guarire dal male d'amore?

No. Un mio amico sposato e con tre figli si era innamorato di una giovane donna. Per guarire dalla sua infatuazione è stato all'estero due mesi, poi si è fatto ricoverare in una clinica psichiatrica dove è rimasto quaranta giorni ed ha fatto ogni tipo di terapia. Alla fine il primario l'ha congedato dicendogli: «Non possiamo farci nulla, l'abbiamo solo drogato». In realtà questo mio amico si era innamorato perché non poteva più vivere nell'ambiente di prima e come prima. L'amore era solo il mezzo con cui se ne liberava e incominciava un nuovo percorso di vita.

3 Il sesso e l'amore

Ci può essere innamoramento senza sesso?

Esiste un amore asessuato fra madre e figlio, fratello e sorella, fra amici, fra compagni d'armi. Vi sono anche delle coppie che hanno deciso di restare caste per ragioni ideologiche o religiose. Ma nel normale processo di innamoramento appare sempre un violento desiderio del corpo dell'altro. C'è un bellissimo film, *Farinelli*, ambientato nell'epoca in cui, per avere le voci bianche, i bambini venivano evirati. Farinelli aveva una voce divina, le donne si innamoravano di lui ma, poiché non poteva fare all'amore, finivano per farlo con suo fratello o un altro giovane normale. Egli ne soffriva in modo atroce. Molti suoi sfortunati compagni evirati si suicidavano. No, l'innamoramento vuole tutta l'altra persona, corpo ed anima. Perciò due innamorati, per quanto stiano bene insieme in casa, sul lavoro, nello svago, hanno sempre anche bisogno di fare all'amore perché comunicano e si completano solo attraverso il contatto, la fusione, il piacere dei loro corpi.

Negli innamorati il desiderio sessuale è sempre presente?

No, nella coppia che vive insieme, il desiderio erotico non c'è sempre, ad ogni istante. Talvolta ci si sveglia, ci si addormenta, si mangia, si lavora, si chiacchiera, si discute, si viaggia senza desiderare l'altro. Però il desiderio erotico è sempre dietro l'angolo, pronto ad erompere. Mentre l'altro si lava, quando esce dal bagno, o quando lei con una mossa aggraziata si sfila la maglietta e mostra il suo corpo nudo. Oppure quando, perfettamente truccata, alza gli occhi maliziosi. O quando lui parla ad un'altra con gli occhi brillanti e lei sente un brivido di gelosia. L'erotismo è sempre un risveglio, un aprire gli occhi stupiti, ardenti di desiderio. È il passaggio ad un'altra dimensione. Come aprire una porta.

La sessualità, nell'amore, ha la stessa importanza per tutti?

No. Tutte le persone innamorate tendono a fondersi eroticamente, ma in alcune non è la sessualità il centro del rapporto. Ve ne sono invece altre che hanno una carica erotica altissima ed allora quando sono innamorate, sperimentano una vera fusione fra sesso e amore, per cui qualunque cosa facciano si colora di erotismo. Quando sono lontane ricordano e rivivono i momenti in cui facevano all'amore, vedono con la fantasia il corpo dell'altro, hanno l'impressione di toccarlo e provano il bisogno di stringerlo, di baciarlo. E quando si incontrano lo guardano avide, golose come un bambino il suo gelato, poi si abbracciano, si stringono, si penetrano in modo frenetico. I loro corpi si modellano e combaciano come se fossero stati plasmati insieme, come se fossero due metà della stessa forma, e fra di loro esistesse una misteriosa affinità chimico-fisica.

Il sesso precoce crea confusione fra sesso e amore?

Può crearla. Mentre, fino a pochi anni fa, le ragazzine imparavano le conoscenze sessuali all'interno delle relazioni amorose, oggi le imparano dai fumetti, da internet. A tredici anni spesso hanno già visto ogni tipo di rapporti sessuali, orge, penetrazioni orali ed anali. È una sessualità puramente fisica, priva di amore. E questi esempi le portano a cercare anche loro il piacere sessuale puro e la conquista frettolosa, senza problemi, come prima facevano solo i maschi. Talvolta questo fa sì che si possano confondere il piacere con l'amore. Quel tale mi piace tanto: ma è sesso o amore? Andrò a letto con lui: se finisce è sesso, se dura è amore. Ma non è così facile come sembra. Ci sono tante forme di attrazione: le cotte, le infatuazioni che assomigliano all'innamoramento. Ci sono tante forme di piacere, il piacere sessuale, il piacere del gioco, della trasgressione, della conquista. Non è facile all'inizio sapere se è proprio amore.

Come ti accorgi che non è solo sesso ma amore?

Perché, ad un certo punto, provi un sentimento che prima non sapevi nemmeno cosa fosse: l'esclusività, il terrore panico di perdere l'amato. L'amore è sempre possessivo, è sempre geloso. Dice: «Quest'uomo è mio, questa donna è mia, e non posso sostituirli con nessun altro!». Sei stata prima con l'uno e poi con l'altro per provare, per vedere cosa succede. Ma se era vero amore, per quanto tu abbia incominciato in modo superficiale, per gioco, se ora scopri che lui va a letto con un'altra, ti senti annientata. Quel sesso che prima ti sembrava così facile, così leggero, ora ti appare una catastrofe e lui ha un bel dirti che non era importante perché, se ami, non puoi accettare che lui scelga volontariamente il piacere sessuale con un'altra, invece che con te. Quel tradimento ti rode, ti avvelena.

Se era vero amore, gli sbagli fatti all'inizio possono essere gravi?

Sì. Non bisogna credere alla gente che dice che tutto si aggiusta. Quando, per un qualsiasi motivo litighi con il tuo amato, quando per orgoglio vi separate, quando vi tradite per vendicarvi, si mettono in moto meccanismi che distruggono la fiducia reciproca e che, alla fine, portano ad una rottura avvelenata. E quando perdi il tuo amato non puoi rimpiazzarlo con un altro. Dapprima puoi pensare di riuscirci, ma non è vero. Ti resta dentro una ferita che impiegherà anni a guarire. Per questo devi essere prudente, devi studiare i tuoi sentimenti ed i suoi. Devi rinunciare al tuo orgoglio, non sottovalutare la gelosia, né se la provi tu, né se la prova lui. E non vendicarti mai.

L'amore è sempre possessivo, è sempre una ossessione?

Sì. Proprio nel momento in cui l'amore ti ha fatto assaporare la felicità, si impossessa del tuo cuore, si installa in tutte le cellule del tuo cervello e, forse, in ogni cellula del tuo corpo. Da quel momento il tuo amato sarà la prima cosa a cui pensi svegliandoti il mattino, l'ultima prima di addormentarti. Ti domanderai in continuazione se ti ama, e gli parlerai del tuo amore. Ti mancherà come l'aria quando sei lontano, e sentirai una morsa che ti stringe il petto, come un infarto, quando non ti risponde. E se lo vedi con un'altra vieni presa da terrore panico che non ti ami più e dalla disperazione perché sai che non riuscirai più a vivere senza di lui. E, quando lo ritrovi, è come se fossi tornato a casa dopo un esilio di mille anni, come il bambino che, terrorizzato e urlante, finalmente trova rifugio fra le braccia di sua madre.

Certe persone sono più possessive di altre?

Sì. Le persone che hanno avuto una vita piena di doveri e di impegni, di solito hanno anche bisogno di controllare, di comandare agli altri, di imporre i propri gusti, il proprio modo di vita. Quelle che, invece, sono sempre state libere, che non hanno mai accettato coercizioni ed hanno sempre scelto liberamente cosa fare, tendono a lasciare gli altri liberi. Le prime, quando sono innamorate, circondano e imprigionano il loro amato con una rete dorata. Le altre si innamorano molto più difficilmente, ma quando lo fanno, si preoccupano che il loro amato possa esprimere se stesso, fare ciò che gli piace, scegliere liberamente anche a costo di rinunciare a vederlo e ad averlo accanto ogni istante come vorrebbero. È un amore più generoso, più capace di dare senza chiedere, e di perdonare.

L'innamoramento è essenzialmente desiderio o anche tenerezza, cura?

Anche tenerezza e cura. Racconterò un episodio. Un mio amico ha avuto una passione sessuale travolgente come capita talvolta agli uomini quando pensano di invecchiare. Allora il sesso diventa il simbolo stesso della vita. Il mio amico era convinto che la sua passione fosse esclusivamente fisica, legata alla bellezza del corpo della donna che desiderava. Poi lei si è ammalata, e lui, sebbene fosse sposato e avesse dei problemi a giustificare la cosa con sua moglie, ha sentito irresistibile il bisogno di andare a trovarla in clinica, e poi a casa quando faceva la terapia e i suoi capelli erano caduti e il suo corpo era deformato. Perché in realtà quella passione sessuale esclusiva era il modo in cui si esprimeva il suo ultimo grandissimo amore.

È vero che i giovani vogliono liberarsi dalla dipendenza amorosa?

Spesso. Ciascuno vuol fare i suoi studi, fare carriera. O anche solo essere libero di andare dove vuole, con chi vuole e quando vuole. Quando la coppia diventa un ostacolo alla realizzazione di se stesso, spesso mette al primo posto la propria realizzazione, non la conservazione della relazione. Perciò diffidano della passione, non si abbandonano, cercano rapporti tranquilli che si possono rompere senza drammi e dolori. Però non è una cosa così semplice come molti immaginano. Molti incominciano ad innamorarsi, poi si separano per lunghi periodi di tempo, diventano gelosi, ciascuno inizia un'altra relazione, si ritrovano, ricominciano. Spesso si trovano divisi fra due storie diverse, ma incerti, e con una impressione di incompletezza, di aridità. Alcuni dicono che i giovani non sanno più amare e che il sesso per loro è diventato solo una piacevole ginnastica, ma non è vero.

Che effetto hanno le droghe sull'amore?

Quando siamo innamorati noi amiamo un individuo unico ed inconfondibile, non paragonabile, non sostituibile, non rimpiazzabile da nessun altro. È l'unica persona al mondo con cui vogliamo stare, di cui ci interessa ogni pensiero, ogni moto dell'animo e che vogliamo rendere felice. È questa l'essenza dell'amore, della esclusività e della fedeltà.
Ebbene, le droghe, ed in particolare la cocaina, hanno come effetto di annullare proprio questa esperienza amorosa. Sotto la loro azione la persona non prova più i sentimenti tipici dell'amore, il desiderio di sapere cosa pensa, cosa prova il suo amato, la tenerezza, il languore, il baticuore, il piacere di vederlo felice, la gioia dell'intimità. Sotto l'azione della droga si sente onnipotente, è assorbita dal suo egoismo, dal suo piacere, non le interessa cosa provano gli altri. È beata nel fare ciò che sta facendo in quel momento. Può andare avanti per ore a giocare a carte o a fare all'amore. E gli altri sono solo strumenti, oggetti sostituibili. Anche se è innamorata non aspetta, non desidera il suo amato, non soffre per la sua mancanza, può accoppiarsi con la prima persona che si trova accanto.

E che effetto hanno se consumate in età giovanile?

La diffusione della droga in età giovanile costituisce la minaccia più pericolosa per l'amore, perché annulla il rapporto esclusivo e rende tutti intercambiabili. Se usata frequentemente in gruppo, abitua al sesso promiscuo e all'orgia. Viene usata dalle squillo per potere andare con chiunque senza problemi. Viene data alle adolescenti per farle prostituire nelle discoteche. Due persone realmente innamorate, sotto la sua azione possono fare sesso con un altro senza rendersi conto degli effetti che questo atto potrà avere in futuro. Anche se continuano a volersi bene, infatti sanno che possono tradirsi con estrema facilità in uno stato di coscienza alterata. Modifica perciò i rapporti fra maschi e femmine, disturba il processo di innamoramento, rende più fragile la coppia, e vi introduce delle fratture. È uno dei fattori che aumentano l'instabilità emotiva nella nostra società.

I giovani nel loro amore sono influenzati dalla opinione del loro gruppo?

Sì, e non solo i giovani. Anche per gli uomini e le donne di trenta, quarant'anni, il gruppo di amici è importantissimo. In un mondo che cambia costituisce un riferimento stabile. Quando uno si innamora, si allontana dal gruppo, forma una nuova comunità. Ma sente anche il bisogno di dirlo agli altri per avere il loro consenso, la loro approvazione. Però deve farlo con prudenza, e deve prima aver creato con l'amato un rapporto erotico e spirituale molto forte. Perché le critiche ed i giudizi degli amici possono essere troppo negativi e pericolosi.

Rispetto al passato i giovani di oggi sono sessualmente più appagati?

I maschi certamente, le femmine un po' meno. Un tempo il sesso era condannato dalla Chiesa, proibito dalla famiglia e, per la donna, rischioso per il pericolo di restare incinta. Oggi è facile, incomincia molto presto, già a dodici-tredici anni. Nessuno più lo condanna come peccato, nessuno più lo proibisce. Un tempo i giovani maschi erano letteralmente affamati di sesso che potevano placare un po' solo dopo i diciott'anni nelle Case di Tolleranza, ma continuava ad essere un desiderio spasmodico, un traguardo da conquistare, una meta agognata. Oggi invece i giovani maschi ne hanno a sazietà. Nelle femmine, in cui è più forte il bisogno di amore e corteggiamento, il semplice sesso fatto con tanti uomini diversi, anche se dà piacere, può addirittura alla fine lasciare una impressione di vuoto, di aridità.

E sono più felici in amore?

No. Si innamorano meno, meno intensamente e si difendono dalla passione. Prima la società dava molto importanza all'amore e alla fedeltà. I giovani ne erano influenzati, lo prendevano molto sul serio. Oggi, poiché il sesso è diventato estremamente facile possono fare più facilmente quattro errori: scambiare una intensa esperienza erotica per amore; credere di poter sostituire l'amore col sesso; inoltre sottovalutare il trauma prodotto dal tradimento sessuale e quello provocato dal racconto malfatto delle loro precedenti esperienze sessuali.

Si può sostituire l'amore col sesso?

No, l'amore non può essere sostituito dal sesso. Sesso e amore sono intrecciati, si alimentano a vicenda ma hanno circuiti diversi. Il sesso da solo non crea amore. È leggero e divertente, è gioco, non fa soffrire, se non va bene con questo andrà bene con l'altro. Invece l'amore lega, unisce ed è vulnerabile, basta un nulla perché lasci una ferita straziante. Una celebre coppia italiana aveva l'abitudine di inserire un nuovo giovane maschio nei propri giochi sessuali. Poi, un giorno, la donna ha incominciato a mostrare una preferenza emotiva per il nuovo arrivato e il marito, preso da gelosia, ha ucciso lui, lei e se stesso. Non è stato il sesso a creare il problema, ma il sentimento, la preferenza, la tenerezza, l'amore.

E se per uno è amore e per l'altro è solo sesso?

Partiamo da un esempio. Un uomo e una donna sono ad una festa. Lui non sa ancora di amarla, sono amici, stanno bene insieme, si divertono, ogni tanto fanno all'amore. Durante la festa lei conosce un altro, lo trova bello, simpatico, interessante. Il nuovo venuto le dice che è libero, che sta per partire per un viaggio e le chiede se vuol accompagnarlo. E lei pensa: perché no? Potrebbe essere una bella vacanza. Ma il nostro amico, quando si accorge che quella che considerava solo un'amica è attratta dal nuovo venuto, che potrebbe addirittura partire con lui, prova improvviso, inatteso, un dolore insopportabile. E così si accorge di amarla. Con orrore scopre che per lei quel viaggio è leggero perché si svolge sul versante del sesso. Mentre per lui invece è un dramma perché si trova sul versante dell'amore. Quello che per lei è gioco, per lui è tragedia.

Partendo dal sesso si può raggiungere l'amore?

Certamente. Molte volte l'amore incomincia dalla attrazione erotica, dalla bellezza, dal fascino dell'altro e poi dallo straordinario piacere sessuale provato. Nell'*infatuazione erotica* questa attrazione, questo desiderio può diventare una ossessione e quindi assomigliare molto all'innamoramento. Ma il passaggio all'innamoramento vero e proprio è sempre un *salto* che avviene solo se sei pronto a cambiare, se stai cercando un altro modo di vita, e trovi nella persona con cui fai all'amore proprio quella miracolosamente adatta a compiere insieme il nuovo cammino. E te ne accorgi un giorno quando, come per incanto, capisci che vuoi sapere tutto della sua vita e non puoi vivere senza di lei. Certo, il sesso è una strada verso l'amore, ma per innamorarsi occorre questa misteriosa predisposizione e questo misterioso passaggio.

Due persone innamorate fanno all'amore come due che non lo sono?

No. Due persone che non sono innamorate, dopo aver fatto all'amore sono sazie, si separano, si addormentano. Spento il desiderio ardente, possono provare perfino fastidio a trovarsi accanto quel corpo estraneo che prima desideravano tanto. Alcune arrivano addirittura ad alzarsi e andarsene. Le persone innamorate, invece, anche dopo il piacere dell'orgasmo continuano a piacersi, a desiderarsi. Si stringono, si abbracciano, si baciano, si accarezzano, parlano di se stessi e del piacere che si sono dati e poi, dopo un po', tornano a fare all'amore. Spesso si addormentano stretti l'uno all'altro e quando si separano, ogni tanto, nel sonno, si toccano per sentire se l'altro è vicino. Poi, appena si risvegliano si cercano nuovamente. Il semplice sesso, placato il desiderio, vuole il distacco; l'innamoramento la vicinanza.

Quando siamo lontani dal nostro amato che cosa ci manca di più, il sesso o la sua presenza?

La sua presenza. Anche l'amore nato dall'attrazione sessuale più forte, quello alimentato dal sesso più libero, sfrenato, giocoso, quando i due innamorati sono lontani, diventa nostalgia, straziante bisogno dell'altro. È come una droga, non puoi fare a meno di pensare a lui, di scrivergli, di telefonargli e i giorni ti sembrano anni, secoli. Ma quello che ti manca non è il sesso, la beatitudine sessuale, perché il dolore è tale che non puoi riviverla. Quello che ti manca è il tuo amato nella sua interezza, come persona, come essere. Infatti ti basta averlo vicino, parlargli, sentire la sua voce, sfiorargli una mano, stringerla. Certo l'amore ha bisogno del sesso e si esprime nel sesso, ma solo perché il sesso è il modo più intenso di partecipare all'essere dell'altro, di comunicare, di fondersi con lui.

Perché abbiamo bisogno del corpo della persona amata?

Nell'innamoramento noi vogliamo la persona nella sua interezza. Se è lontana da molto tempo ci accontentiamo di sentire la sua voce. Ma poi desideriamo vederla. E, vedendola, siamo incantati dal suo viso, dal suo corpo, non ci stanchiamo di guardarla, di scoprirne nuovi aspetti come fa il pittore con la sua modella o il suo modello preferito. Ma non appena l'abbiamo vista ci prende il desiderio struggente di toccarla, anche solo di accarezzarle una mano. E poi di abbracciarla, di stringerla fra le braccia, di sentire la nostra pelle contro la sua, il nostro corpo nudo contro il suo. Fino ad essere l'uno dentro l'altro. Perché l'innamoramento tende alla fusione dei corpi, e si appaga solo in essa. Quando non puoi abbracciare la persona che ami o anche solo toccare la sua pelle, dopo qualche tempo hai l'impressione di disseccarti, di inaridirti.

C'è più bisogno di educazione sessuale o di educazione amorosa?

Di educazione amorosa. Uno dei guai del mondo moderno è proprio la mancanza di educazione nel campo dei processi amorosi. Del sesso parlano tutti, tutti si informano, sul sesso ci sono libri, manuali, istruzioni di ogni tipo. Invece sull'amore crediamo di saper già tutto mentre ignoriamo perfino che esistono tante forma di amore, alcune destinate ad essere brevi e altre a durare. Crediamo che l'innamoramento sia un fatto semplice, mentre è un processo complicato. Crediamo di sapere tutto sul rapporto fra sesso e amore mentre è il campo più misterioso che esista. I giovani inoltre non si rendono conto dei danni che l'uso della droga arreca ai processi amorosi.

Gli uomini soprattutto, che parlano poco di cose intime tra di loro, spesso hanno delle lacune che vengono colmate dalla dedizione di donne amorevoli e pazienti. Conoscono poco la delicatezza dell'animo e la complessità del corpo femminile, pochi sanno corteggiare (forse nessuno lo insegna più). E molti non capiscono nemmeno quanto sappia amare una donna.

A quali maestri e maestre ci rivolgiamo per avere una guida?

Ai grandi filosofi, ai grandi scrittori che hanno scavato negli abissi dell'animo umano. Molto poi si può imparare dall'altro se ci dice che cosa pensa, cosa desidera, che cosa gli fa piacere e noi lo prendiamo sul serio, senza volgarità. Ma sono pochissimi quelli che hanno la confidenza e la fiducia reciproca per dirsi i propri desideri per confessarsi i propri sentimenti, le proprie emozioni più intime. E pochi leggono e studiano seriamente gli scritti più seri ed importanti in questo campo. Di solito si accontentano di quanto viene detto in rubriche tenute da persone che ne sanno più o meno come loro.

Omosessuali si nasce o si diventa?

Tutte le caratteristiche umane sono il prodotto di una predisposizione genetica e dell'ambiente. Mozart era predisposto alla musica, ma è diventato quello che conosciamo perché è stato allevato da un musicista. A volte la predisposizione è fortissima e l'ambiente conta poco o nulla, in altri casi invece avviene il contrario. Nel IV secolo a.C. ad Atene era diffusa la abitudine che gli uomini adulti amassero i loro giovani allievi. Non possiamo pensare che tutti avessero una predisposizione genetica. Anche oggi, scomparsa la dura condanna degli omosessuali durata secoli, stanno sorgendo circoli in cui coloro che si sentono predisposti, possono trovare una alternativa di vita che sentono non solo eroticamente più soddisfacente, ma anche culturalmente, artisticamente, socialmente preferibile a quella realizzata nei circuiti esclusivamente eterosessuali.

Quando si forma l'orientamento sessuale definitivo?

Gli omosessuali maschi, in genere, dopo un periodo di ambiguità fanno una scelta definitiva, le donne hanno delle fluttuazioni maggiori, anche in età adulta. Alcune, anche dopo anni o decenni di esperienze o di convivenza eterosessuale, possono avere esperienze omosessuali più o meno prolungate ed anche innamorarsi di una donna. E magari, in seguito, ritornare alle esperienze e all'amore etero. Forse l'incertezza nell'identità sessuale riflette la cultura di questo periodo: l'incapacità di decidere, la difficoltà a scegliere perché non si vuole rinunciare a nulla, il senso di precarietà che permea tutto quello che facciamo. Le fluttuazioni nell'orientamento sessuale, però, ci confermano che nell'innamoramento è l'essenza della persona, è l'individuo nella sua interezza ciò che ci affascina; il corpo è solo una componente.

4 Il passato

Perché due innamorati si raccontano la loro vita?

Per vivere l'uno nell'altro. Quando due persone sono innamorate, ciascuno vuol conoscere l'altro non solo per come è ora, ma anche come era da bambino, da adolescente, ripercorrere al suo fianco tutta la sua vita. E, a sua volta, vuol far vedere all'amato il mondo come l'ha visto lui da piccolo, poi da adolescente, poi da adulto.
In questo modo ciascuno ripercorre la propria vita, si conosce come non si è mai conosciuto, si riconcilia con se stesso. È la *storicizzazione*, un processo in cui gli innamorati si impossessano del proprio passato, smettono di esserne schiavi, si sentono finalmente liberi di essere ciò che vogliono essere. E questo miracolo avviene perché entrambi lo compiono insieme.

In questo modo gli innamorati ricostruiscono la propria identità personale prendendo l'altro dentro di sé, vivendo ciò che ha vissuto, partecipando di ciò che ha partecipato. Ciascuno si apre all'altro in modo sereno e gli può chiedere ciò che vuole e l'altro a lui, realizzando una confidenza, una intimità mai provata e, eroticamente, un piacere incredibile.

E fanno bene a farlo?

Sì, è indispensabile. Se non viene compiuta la *storicizzazione* l'innamoramento rallenta, e può anche ridursi ad una semplice infatuazione o abortire. L'amore – meglio lo *stato nascente* dell'innamoramento – è l'unico momento in cui possiamo conoscerci fino in fondo, capire perché abbiamo agito in quel modo e perdonarci reciprocamente tutto.
Nel racconto *La Signora col cagnolino* di Cechov, a Jalta un uomo ha una avventura con una signora. Poi si sente spinto a cercarla di nuovo, la trova a Mosca, si innamora, si innamorano. E Cechov scrive: «Essi si perdonavano a vicenda ciò di cui si vergognavano nel loro passato, si perdonavano tutto nel presente e sentivano che quell'amore li aveva mutati entrambi». Lo *stato*

nascente dell'innamoramento è l'unico momento in cui gli innamorati sono avidi di conoscere tutto della vita dell'altro e l'accettano qualunque essa sia stata, anche se ha avuto debolezze, errori, anche se, nel sentirla raccontare, soffrono e sono gelosi.
Gli innamorati possono perdonarsi tutto. E sono pronti a cambiare, a diventare diversi. Ma se uno non dice una parte essenziale di ciò che ha vissuto, in seguito non potrà più farlo, e dovrà recitare per sempre, perdendo così la meravigliosa libertà e spontaneità che lo *stato nascente* dell'innamoramento gli aveva donato.

Ma devono raccontarsi proprio tutto, tutto?

Piano, occorre prudenza e intelligenza. L'amore ti porta a voler saper tutto del tuo amato al punto di pensare che avresti sempre voluto essere al suo fianco, partecipando di tutti i suoi pensieri, delle sue gioie come dei suoi dolori. Un desiderio dolcissimo, comprensibile ma irrealizzabile e pericoloso. Pericoloso perché l'altra persona ha avuto la sua vita, i suoi amori e se, prendendoti alla lettera, ti racconta le sue esperienze erotiche e il piacere sessuale che ha provato, finisci matto per la gelosia. Quello che vogliamo sentirci dire dal nostro amato è che tutto ciò che ha vissuto in realtà non è stato altro che una lunga attesa, come ci fossimo amati già prima di conoscerci, come se ti avesse sempre cercato senza trovarti. I suoi amori del passato sono stati solo tentativi sbagliati, da dimenticare perché finalmente ha raggiunto ciò che ha sempre desiderato. Questo cerchiamo nel passato di chi amiamo e lui nel nostro. Perciò occorre dire la verità, ma avere molta prudenza nel raccontare le esperienze erotiche per non ravvivare artificiosamente quanto invece è finito.

Cos'è la gelosia del passato?

Una volta Vittorio Gassman mi ha detto: «ma la più terribile forma di gelosia è la gelosia del passato». Io mi sono interrogato per anni su questa frase e solo recentemente ho capito che la gelosia del passato si installa nella nostra mente quando una persona ti ha raccontato la sua vita sessuale prima che foste innamorati. Poiché sapeva che tu eri indifferente l'ha fatto con linguaggio libero e spregiudicato. Ma ora che l'ami, le sue frasi, le immagini che ha evocato nella tua mente si risvegliano e ti fanno soffrire. La vedi che fa all'amore con uno, con l'altro, quasi un film pornografico che ti eccita e ti strazia perché è come se la scoprissi mentre ti sta tradendo ora. E scatena la tua disperazione, la tua rivalità.

Come si può vincere la gelosia del passato?

Il grande, il grandissimo amore riesce a vincere la gelosia del passato perché ci porta a partecipare, a comprendere, a rivivere – sia pure in certi momenti in modo doloroso – l'amore che il nostro amato ha provato per un altro. E a parlarne con lui, a ricordarlo con lui che, nel momento stesso in cui lo ricorda, si accorge che non è più niente, che è finito, morto. E che ora, proprio ricordandolo, se ne è finalmente liberato, ha il cuore libero, leggero e si getta nelle nostre braccia riconoscente. Sì, vinciamo la gelosia del passato se arriviamo a soffrire con il nostro amato le pene d'amore che lui ha provato per un altro bruciandole, annientandole nel fuoco della felicità del nostro amore attuale. E alla fine ci amiamo senza più scorie, più uniti, liberi e felici.

Noi amiamo anche il passato del nostro amato?

Certo, perché l'amiamo nella sua interezza. Quindi non solo per ciò che è, ma anche per ciò che è stato e per cosa ha fatto. Desdemona si innamora di Otello sentendogli raccontare la sua vita di nobile guerriero. Io posso innamorarmi di una donna perché ha avuto una vita difficile, avventurosa ed eroica e continuare ad amarla proprio perché in lei continuamente riscopro questi valori. Ma, così come può farcela apprezzare, la storia della persona di cui siamo innamorati può contenere elementi che potrebbero incrinare la stima che abbiamo in lei, minacciare l'amore. Per questo nella fase di *stato nascente* dell'amore dobbiamo raccontarci tutto, chiudere col passato, ricominciare da capo.

Cosa accade se uno tace o mente sul suo passato?

Partiamo da un caso concreto. Un giovane si è innamorato di una ragazza e, per conquistarla, le ha fatto credere di essere più ricco di quanto non fosse. Facendo debiti ha comperato una macchina di lusso, le ha fatto regali costosi, ha organizzato un matrimonio da fiaba. Poi, un giorno, sono arrivati in casa gli ufficiali a pignorare i mobili. Come reagirà la moglie? Se per lei la ricchezza era essenziale, se aveva sempre sognato una vita lussuosa e credeva di averla realizzata, il matrimonio è compromesso irreparabilmente. Se invece per lei il lusso non era essenziale ed aveva considerato quelle spese una forma di corteggiamento esagerato, allora, dopo una litigata chiarificatrice in cui lui le confessa che ha fatto queste pazzie per amore, tutto continua.

È vero che la persona amata resta per noi sempre un po' misteriosa?

Sì. La persona che amiamo è quella a cui pensiamo sempre, quella che ci è più vicina, quella con cui fondiamo il nostro corpo, a cui raccontiamo tutto quanto ci accade, a cui diciamo fiduciosi i nostri pensieri, le nostre emozioni segrete. Eppure, resta ai nostri occhi sempre misteriosa perché l'amore che ci ha preso è un mistero, e ci interroghiamo su di lei, vogliamo sapere tutto di lei perché cerchiamo di capire dove, in quale passato, in quali comportamenti è nascosto il segreto dell'incantesimo che ci tiene legati, che ce la rende indispensabile. L'innamoramento è una continua ricerca di questo segreto, è un continuo interrogarci sulla persona amata, su chi sia. È una continua scoperta ed una continua rivelazione.

Perché nell'amore alcuni luoghi e alcuni oggetti diventano sacri o tabù?

Tutti i luoghi in cui è stata la persona che amiamo, tutte le cose che ha toccato, in qualche modo ci diventano sacri. La campagna assolata in cui lavorava da bambina, la casa in cui è cresciuta, il piccolo giardino in cui annaffiava i suoi fiori. Ma anche un suo vestito, un suo anello, le lettere che ci ha scritto, una fotografia. E i luoghi dove ci siamo incontrati, dove ci siamo baciati diventano come tanti santuari. Ma il sacro ha anche un aspetto negativo. Allora ecco che quando nomina un posto in cui è vissuta con un precedente amante io sento un tuffo al cuore. Come ci sono luoghi sacri, ci sono luoghi tabù che devono essere riconsacrati insieme perché vi si possa andare.

Quando siamo innamorati diventiamo più buoni?

Quando amiamo intensamente, l'unica cosa che ci interessa è il nostro amato. Aspettiamo un suo messaggio, una telefonata, cerchiamo di immaginare dove sia, sempre con un po' di angoscia, di gelosia. E quando ci telefona, ci dice che ci ama, quando sappiamo che sta per arrivare, quando lo abbracciamo e facciamo all'amore, passiamo di colpo alla gioia più sfrenata, alla beatitudine. Così, tanto nella preoccupazione come nella felicità, tutte le altre cose ci appaiono meno importanti: la carriera, i riconoscimenti sociali, perfino le cattiverie che ci fanno. E poiché non ci compariamo più con chi ha più successo o più fortuna di noi, perlomeno un vizio lo perdiamo: l'invidia. Gli innamorati possono avere molti difetti, essere ansiosi, gelosi, possessivi, ma non sono mai invidiosi e cattivi con gli altri. A meno che questi non ostacolino il loro amore.

5 Innamoramento e infatuazioni

C'è differenza fra infatuazione e innamoramento?

Sì, sono due cose diverse anche se in entrambe desideri ardentemente l'altra persona, fare all'amore con lei, sei geloso, soffri per la sua mancanza, puoi perfino avere l'impressione di impazzire d'amore. Però, mentre l'innamoramento genera un amore che dura, l'infatuazione ha in sé il germe della sua autodistruzione e, dopo un po', quello che appariva un grande amore, una passione irresistibile improvvisamente svanisce, scompare. È quello che molti chiamano il «disinnamoramento» improvviso. In realtà l'innamoramento non c'era mai stato.

Come si distingue l'infatuazione dal vero innamoramento?

Perché non provi la necessità di raccontare all'altra la tua vita e di conoscere la sua; manca quello che abbiamo chiamato il processo di *storicizzazione* con cui noi ci sveliamo a noi stessi e all'altro. Perché manca la confidenza profonda, la fiducia totale, il piacere di godere intensamente con il proprio amato delle cose più insignificanti: mangiare insieme, sedere accanto all'aeroporto, scaldarti su un sasso allo stesso raggio di sole, parlare per ore, restare abbracciati dimenticando il tempo. E, dopo, improvvisamente, accorgerti che stai guardando incantato il suo volto, il suo seno, le sue mani e capire, commosso, tremante, che mai, assolutamente mai, avresti potuto sperare da Dio, dal destino, nulla di più straordinario, il regalo più stupendo, e che lo vorrai per sempre. Nell'infatuazione manca la infinita tenerezza, il senso del sacro, il «per sempre». Inoltre manca la *progettualità*, l'immaginare il futuro insieme. Due persone innamorate cercano di creare legami, intrecci l'uno nella vita dell'altro. Vogliono che il futuro dell'altro aderisca al proprio come spazi, tempi, desideri; che si tratti del progettare una vita famigliare o anche solo il modo di stare il più possibile insieme.

Quanti tipi di infatuazione ci sono?

Le principali infatuazioni sono cinque: l'infatuazione da perdita, l'infatuazione competitiva, l'infatuazione divistica, l'infatuazione erotica e infine l'infatuazione da dominio.

Cos'è l'infatuazione da perdita?

Se rapiscono mia moglie, o mio marito, anche se i nostri rapporti non erano dei migliori, io mi batto per la loro liberazione. In una coppia stanca, dove non c'è più amore appassionato, il tradimento può scatenare una fortissima gelosia. La persona che, fino a pochi giorni, fino a poche ore fa ci era indifferente, adesso che ci sta sfuggendo, ci appare indispensabile. Ma non è innamoramento. Non appena l'abbiamo ritrovata ricompare l'indifferenza di prima.

Cos'è l'infatuazione competitiva?

Molti autori francesi, fra cui René Girard, spiegano l'innamoramento in questo modo: l'uomo e la donna desiderano, spasimano, idealizzano una persona solo perché appartiene ad un altro, un rivale. Nel momento stesso in cui riescono a vincere il rivale, a portargliela via, l'amore scompare. Sbagliano, questo non è innamoramento, è un'infatuazione competitiva. Ce ne dà un esempio Carlo Castellaneta nel libro *Le donne di una vita*. Il protagonista, Stefano, perde la testa per Ida, una donna sposata. Le fa una corte serrata, la convince a lasciare il marito, ad andare a vivere con lui ma, dopo poco tempo, si accorge che non l'ama più e la lascia. Poi si incapriccia di Flora, spasima, la strappa ad un fidanzato geloso ma, vivendo insieme, se ne stanca. Incontra Valeria, la corteggia appassionatamente finché lei non lascia marito e figli. Ha vinto! Ma, proprio il giorno in cui vanno ad acquistare la casa dove dovrebbero andare a vivere insieme, incontra Giorgina. Un colpo di fulmine! Lascia Valeria e passa un periodo di amore folle ed estatico con Giorgina. Che però lo annoia da morire quando incomincia a comportarsi da moglie fedele. No, Stefano non si innamora mai. Le sue sono tutte infatuazioni competitive, vinto il rivale svaniscono. Nell'innamoramento invece non c'è nessun bisogno di un rivale. Anzi gli innamorati sono veramente felici solo quando sono certi di amarsi in modo esclusivo e godono della quotidianità.

Cos'è l'infatuazione divistica?

Le ragazzine (e non solo loro!) desiderano in modo parossistico il cantante, l'attore, il presentatore che vedono in televisione o anche solo il bullo con la porsche che è desiderato da tutte le loro compagne. Ma l'amore divistico dura finché l'altro resta un idolo, finché tutti lo desiderano e ce lo indicano come desiderabile. Nel momento in cui cade in disgrazia perde ogni attrattiva.

Un altro caso. La ragazza incontra un uomo più grande di lei, ricco, circondato da ammiratrici, ne è affascinata; sente che lui può darle moltissime cose che desidera, di cui è alla ricerca e può incominciare ad innamorarsi. Ma l'altro non si innamora di lei. Il processo resta sul piano degli incontri sessuali da cui lei – se stava davvero innamorandosi – esce delusa e amareggiata.

Un altro caso ancora: lei lo adora da lontano, fa fantasie amorose, riesce a incontrarlo, gli si butta fra le braccia e fa all'amore con lui. Si ritrovano ma, dopo un po', si accorge di non conoscerlo, scopre che è diverso dall'immagine idealizzata che se ne era fatta. Per esempio che è pieno di sé, o ambizioso, o ignorante, o collerico e soprattutto che è infedele e non la considera per niente. Una mia conoscente, una donna bellissima, adorava da anni un famosissimo divo dello schermo. Una sera ha avuto l'occasione di incontrarlo e, col suo fascino, è riuscita a portarselo a letto. Ma già durante la notte l'incantesimo era svanito.

Cos'è l'infatuazione erotica?

Si produce sotto l'azione del puro principio del piacere. I due si piacciono, si attraggono, si desiderano, fanno all'amore e ne sono felici. A volte questo rapporto dura poco, una settimana, una estate, a volte a lungo, anche anni, quando i due amanti si vedono una volta ogni tanto. È perciò certamente una forma di amore erotico estremamente intenso. Ma allora come si distingue dall'innamoramento? Perché non c'è *stato nascente*, cioè la trasfigurazione del mondo. Inoltre non abbiamo bisogno continuamente del nostro amato, non ci domandiamo ossessivamente se ci ama. Non sentiamo il bisogno di raccontargli la nostra vita, di ascoltare la sua, di vedere il mondo come l'ha visto da bambino, non ci svegliamo di notte per ascoltare il suo respiro. Infine, nell'infatuazione erotica, il desiderio parossistico cessa nel momento in cui l'altro ci tratta male, ci offende o anche solo smette di darci piacere, e scompare con la quotidianità.

Anche qui occorre dire che in certi casi – però, attenti, sempre meno di quanto crediamo – l'infatuazione erotica può diventare innamoramento bilaterale. Di per sé il piacere sessuale non basta, ma può essere la strada attraverso cui i due si conoscono più profondamente, incominciano a parlare del loro passato, e in certi casi – sempre però quando entrambi sono predisposti, quando i loro bisogni profondi corrispondono – ad un certo punto si mette in moto il processo del vero innamoramento Allora scoprono meravigliati il piacere della quotidianità, il batticuore, la sofferenza dell'attesa. Non è più infatuazione, è amore.

E l'infatuazione da dominio?

È un amore, una passione che dura fino a quando non abbiamo conquistato l'altro, finché non lo abbiamo reso schiavo. Però, nel momento in cui ci riusciamo, poiché noi possiamo amare solo chi è libero, ci accorgiamo di non amarlo più. Nel libro *La noia* Moravia ci descrive un uomo che vuol far innamorare di sé le donne, ma non appena è sicuro del loro amore, viene preso dal disinteresse, dalla noia. Alcuni filosofi come Rousseau e Sartre sostengono che innamorarsi significa sempre diventare schiavo di un altro. Perciò dobbiamo avere paura dell'innamoramento, difendercene. Nel romanzo di Rousseau, *La Nuova Eloisa*, la protagonista, Giulia, decide di non sposare chi ama, ma uno che le è indifferente.

A differenza della infatuazione divistica e di quella erotica, l'infatuazione da dominio non diventa mai amore. Più l'altro ama, più si abbandona, più il dominatore si raffredda, si distacca fino a diventare sprezzante e crudele.

Che cos'è invece una cotta?

È un legame molto più lieve, molto più fragile dell'infatuazione e scompare rapidamente. È una esplorazione, un assaggio, l'impressione di aver trovato ciò che profondamente desideravamo, ma poi ci accorgiamo che non è vero. Torniamo all'esempio del puzzle che dobbiamo risolvere. Proviamo un pezzo, poi un altro, magari abbiamo l'impressione cha sia quello buono, esultiamo, eccolo! Ma, dopo altri tentativi, ci rendiamo conto che la figura non appare, abbiamo sbagliato. Fuor di metafora, nella cotta abbiamo l'impressione di aver trovato una persona straordinaria, abbiamo addirittura l'impressione che sia forse proprio quella che abbiamo sempre cercato. Ma, dopo un po' di tempo, comprendiamo di aver sbagliato e l'impeto di amore e di passione svanisce istantaneamente.

6 Il piacere

Come nasce il piacere erotico?

Capita raramente di poter dare felicità, di vedere diventare radioso il volto di una persona per qualcosa che le dai. Succede coi bambini con un dolce, con un giocattolo. Succede nella vita adulta, con un premio, una promozione, un elogio. Ma è un momento. La possibilità di vedere che dai piacere, un immenso piacere all'altro, la hai anche sempre nel rapporto sessuale. Però nel rapporto sessuale senza amore e passione, dura un istante. Diventa qualcosa di incredibile e sublime solo quando ami e sei riamato. Quale stupore, quale emozione provi allora quando puoi vedere sul volto della donna o dell'uomo che adori, il piacere, l'estasi, quando senti che puoi dargliene di più e di più, e ricevere, moltiplicato per mille, il tuo godimento. Soprattutto quando siete arrivati ad un livello di confidenza, di intimità da potervi dire con naturalezza che cosa vi piace, che cosa volete, fino al punto in cui i vostri corpi si cercano, si mescolano, si corrispondono in modo infallibile. Quando potete dirvi, senza vergogna, senza pudore, senza ritegno: «Ti amo» e descrivere il godimento, la felicità che provate, e raccontarvela per riviverla e riprovarla ancora più grande, più grande dopo! Ma è solo l'amore a cui ti abbandoni senza riserve che può donare tanto. Senza di esso, questo paradiso è inaccessibile.

Entrambi gli amanti possono giocare il ruolo di maschio e di femmina?

Certamente. Un uomo innamorato dice alla sua donna: «Tesoro, a volte tu ti metti sopra di me, guidi il ritmo, mi porti all'orgasmo quando vuoi! E in questa posizione, oltre a comandarmi, mi ecciti ponendo davanti ai miei occhi e alla mia bocca le tue bellissime tette. E puoi vedere il mio volto adorante che poi, nell'orgasmo, si contrae stravolto e sentire il mio corpo sciogliersi sotto di te, svuotato, stremato, vinto». E lei risponde: «Sì, tesoro, è vero ma, poiché ti amo, mi piace anche essere passiva, essere la donna che riceve coricata il suo uomo sopra di sé, e sentirmi penetrata, totalmente tua, e abbandonarmi, ed avere un orgasmo dopo l'altro senza ritegno, senza vergogna, senza pudore. E poi sentire il tuo corpo nudo appoggiato sopra il mio, spalmato sul mio, pelle contro pelle. Sì, essere io prima maschio e tu femmina, e poi io la femmina e tu il maschio».

Bravi amanti si nasce o si diventa?

Si diventa. Per prima cosa è importante amare. Ma non basta l'amore, occorre anche un sapere che si acquista grazie alla curiosità, alla consapevolezza che il corpo di ogni donna è diverso da quello di un'altra. Un uomo perciò diventa un bravo amante se vuol dare piacere alla sua donna, l'ascolta, e interpreta i suoi desideri pronto a proseguire se capisce, e a ritirarsi se sbaglia. Ma fa grandissimi progressi se ha la fortuna di incontrare una donna che rinuncia alle sue inibizioni e gli parla e gli spiega come amarla nel modo giusto. Molti uomini non hanno idea di quanto sia complesso il corpo femminile, e molte donne non sanno comunicarlo al loro uomo usando le parole. Anche le donne conoscono poco l'erotismo maschile, che è ad un tempo rozzo e fragilissimo e deve essere educato, diretto. Di sicuro non aiutano né il cinema né la pornografia dove si vedono donne e uomini che appaiono appagati e felici anche se si sono appena conosciuti.

Ci può essere piacere senza orgasmo?

Sì. La nostra tradizione ha sempre considerato essenziale l'orgasmo al punto che si diceva indifferentemente «venire» o «godere». Godi, godi, diceva la prostituta al suo cliente perché buttasse fuori il suo fiotto di sperma e, calmato, si rivestisse e la lasciasse libera di cercarsi un altro cliente. In realtà nel rapporto sessuale la maggior parte dei maschi può avere solo uno o due orgasmi violenti, dopo il desiderio scompare e subentra la stanchezza ed il sonno. Il piacere può essere prolungato solo ritardando l'orgasmo come hanno insegnano molte scuole orientali. Diversa, invece, la situazione delle femmine perché esse possono avere con facilità quanti orgasmi vogliono. È come un'onda che cresce e che, ad un certo punto, trabocca: allora grida di piacere e si abbandona sfinita, ma dopo qualche minuto, se ama il suo uomo e lui continua a stimolarla, l'onda ricomincia a salire e a debordare di nuovo. Però anche la donna può ricavare un piacere particolare ritardando l'orgasmo. Ed è questa la strada che entrambi i sessi stanno seguendo oggi sull'onda dell'insegnamento orientale e grazie a farmaci e stimolanti. Ma tutto questo avviene con estrema facilità solo fra innamorati!

E come chiamare questo piacere prolungato, ricorrente?

Io lo chiamo «il durante». In una statuetta tantrica una divinità maschile, o un budda, penetra una *daikyni* nuda tenendola in grembo mentre lei lo abbraccia. È l'immagine della felicità. E a ragione: infatti il massimo della vicinanza, dell'unione, della intimità e del piacere un uomo e una donna che si amano lo provano quando lui ha il suo pene nella vagina ed entrambi non cercano un frettoloso orgasmo, ma vogliono fondersi, sentirsi, godere l'uno dell'altra. Il loro rapporto diventa un modo di essere. Non il getto convulsivo di sperma che mette fine al rapporto, ma lo stato del «durante» quando, l'uno dentro l'altro, si fondono anima e corpo, si «godono reciprocamente» a lungo, il più a lungo possibile.

Cos'è l'intimità erotica?

L'esperienza che provano due innamorati quando fanno all'amore da molto tempo, quando si conoscono a fondo, quando sono totalmente liberi, senza inibizioni, senza paure, senza tabù, senza pudori. Quando vibrano all'unisono non solo i loro corpi ma le loro anime. Allora possono fare all'amore per ore ed ore, ed avere quanti orgasmi vogliono, o li ha uno solo di loro ma l'altro gode del suo godimento, e non si stancano di accarezzarsi, di baciarsi, di darsi piacere, di raccontarsi la loro vita, di parlarsi del loro desiderio, della dolcezza, dell'estasi che provano, della bellezza del loro amato, del profumo della sua pelle.

Allora, se non si raggiunge l'intimità erotica, non c'è vero piacere?

No. Vi sono tante forme di piacere sessuale e tante sfumature! Il piacere della conquista, della trasgressione, il piacere della diversità, del gioco, della competizione, e così via. Esiste anche il piacere della promiscuità e il piacere dell'onnipotenza provocato dalla droga che ignora l'altro e i suoi sentimenti. L'intimità erotica si realizza solo fra innamorati che sono arrivati ad una profonda confidenza e ad un abbandono totale. Oggi molti pensano che il piacere sessuale sia intenso solo all'inizio della relazione, alcuni addirittura che sia intenso solo con un uomo e una donna nuova e diversa. Non è vero. Spesso all'inizio la donna non prova un grande piacere, ed il suo erotismo si libera solo con la confidenza, con l'abbandono e, soprattutto, quando il suo compagno impara a conoscere il suo corpo. Inoltre spesso nella «prima volta» e nella «conquista» prevale l'esultanza della vittoria, il senso di potenza, di trionfo e la componente puramente sessuale è modesta. Pochi in realtà sanno che l'estasi amorosa prolungata nasce dall'amore, dalla confidenza e dalla conoscenza sempre più profonda dell'altro.

Perché nel sesso usiamo parole volgari, oscene?

Il sesso è un uscire dalla vita quotidiana, con le sue regole, con la sua etichetta, dove siamo vestiti, formali, per entrare nel mondo dei corpi nudi abbracciati che si baciano, si penetrano, mescolano i loro umori, ansimano, gridano, si dicono tutto ciò che dà loro piacere senza più rispettare le regole della vita sociale in cui i corpi sono vestiti e restano a una certa distanza. Il mondo erotico è un mondo separato e, rispetto alla sfera pubblica, rappresenta una rottura, una infrazione. E quello che avviene nei corpi avviene anche nel linguaggio.

Anche gli innamorati facendo all'amore usano parole volgari?

Sì. Gli innamorati possono passare in pochi minuti dalla più delicata tenerezza al sesso più sfrenato, dal più dolce languore all'orgasmo più violento. Quindi, ora possono domandarsi trementi, guardandosi negli occhi, «Mi ami?» e poco dopo avvinghiati dirsi «scopami», «prendilo», «dammela», «godi, godi». Ma, col procedere dell'amore, le espressioni oscene vengono usate sempre meno, oppure dette con tenerezza, con leggerezza, ironia. E a poco a poco gli amanti sostituiscono le parole volgari con altre inventate da loro stessi, e mille altre metafore personali.

Cosa accade se dei due innamorati uno è più ardente e l'altro più freddo sessualmente?

Tutto andrà bene se chi è più appassionato, più ardente usa il suo calore, la sua passione, la sua fantasia per riscaldare, accendere il cuore e il corpo dell'amato. L'uomo può farlo col corteggiamento, il gioco, la poesia, con un erotismo raffinato, sapiente che suona il corpo della donna come uno strumento musicale. La donna ha, in più, altre risorse come l'abbigliamento intimo, il trucco, la gestualità, la danza. Ma ha, soprattutto, la possibilità di usare il suo corpo erotico. Perché tutto il corpo femminile è erotizzato e la donna che riesce a liberarsi delle inibizioni, può insegnare all'uomo che ama a godere con tutto il suo corpo esattamente come fa lei. Con il contatto della pelle, con le gambe, le spalle, il ventre, con le carezze, i baci, aderendo a lui in qualunque posizione, con i sussulti del suo godimento. Conducendolo ad un piacere che l'altro non poteva nemmeno immaginare.

È meglio essere attivi o restare passivi, farsi corteggiare?

Alcune donne bellissime, consapevoli di essere desiderabili solo grazie alla propria bellezza, aspettano che sia sempre l'uomo a corteggiarle, a prendere l'iniziativa. Questo atteggiamento all'inizio può stimolare l'uomo a conquistare la loro bellezza glaciale. Ma se si prolunga nel tempo, se diventa un'abitudine anche nel matrimonio e nella convivenza, il maschio resta deluso. Perché se desidera conquistare la superba principessa, è per trasformarla poi in una amante appassionata, in una scatenata baccante. Quando la bellissima continua a fare perennemente la bella statuina, corre il rischio che lui possa essere attratto da un'altra, magari meno bella, ma che sa usare con passione e perizia il suo corpo erotico.

Perché Carmen è forse la più erotica fra tutte le eroine femminili?

Perché è bella, ardente, totalmente libera, pensa solo all'amore, al piacere e non si volta indietro. Si incapriccia del bel brigadiere Don José ed usa tutte le arti femminili per sedurlo. Ma lui non è adatto a fare la vita del contrabbandiere in cui lei lo trascina e allora lo deride, lo scaccia. Poiché è la più bella, è destinata a diventare l'amante del più famoso: il grande torero Escamillo. Con lui gira in carrozza fra ali di popolo osannante. Durante la corrida però accetta di incontrare don José. Va per dirgli onestamente che non lo ama, che l'amore è libertà, che lei è una donna libera e che seguirà solo l'impulso del suo cuore. Per sfuggire al pericolo potrebbe blandirlo, rabbonirlo, prendere tempo. Ma è troppo schietta ed orgogliosa per farlo. E lui la uccide. È successo a molte donne.

Perché in epoca di libertà sessuale, la prostituzione è ancora così diffusa anche tra uomini fidanzati e sposati?

Perché l'erotismo maschile è diverso biologicamente da quello femminile: cerca il sesso per il sesso e la diversità per la diversità. La donna è attratta, desidera sessualmente un uomo nella sua interezza e con certe qualità. Non fa all'amore col primo che incontra o col primo che glielo chiede accoppiandosi frettolosamente con lui in macchina. L'uomo invece è pronto a farlo proprio in questo modo. Perché quello che gli interessa, è scaricare il suo sperma in una donna diversa. E senza doversi sobbarcare la fatica di corteggiarla, di invitarla a cena o anche solo di conversare con lei. Talvolta a questa motivazione di fondo – la ricerca della diversità – si aggiunge che alla prostituta può chiedere – o ordinare – di fare cose che non può chiedere o non ha il coraggio di chiedere a sua moglie.

Il gigolò è per la femmina quello che è la prostituta per il maschio?

Per quanto attiene il pagamento, sì. Per il resto è totalmente diverso. La donna infatti cerca un uomo che le piaccia nel suo complesso, che la corteggi, che l'accompagni, che la tratti bene, che la faccia sentire bella, che sappia far vivere e godere il suo corpo. Il gigolò deve essere, sia pure per poco tempo, un vero amante. La prostituta invece, per l'uomo, non è una amante, è un corpo dotato di bocca e di vagina che gli produce una forte eiaculazione. Può riuscirci anche se è brutta, anche se lui non la vede bene e, appena ha finito, deve sparire.

7 Erotismo maschile

Sono più ossessionati dal sesso i maschi o le femmine?

Per quanto riguarda la pura attività sessuale, i maschi. Lo sapevamo in base alla esperienza, ma ora lo confermano le ricerche neurofisiologiche. Essi hanno aree cerebrali del sesso due volte e mezzo più grandi di quelle delle femmine e il loro livello di testosterone è anche quaranta volte più alto. Le giovani donne hanno desideri erotici della stessa intensità e forse anche più alti, e infatti si masturbano come i maschi. Ma il loro erotismo è impregnato di emozioni, di fantasie amorose e rivolto a chi eccelle. I loro coetanei invece di solito sono semplicemente pronti ad andare con qualsiasi donna. Le donne, inoltre, provano un intenso piacere nel provocare il desiderio nei maschi, anche quando non intendono offrirsi sessualmente. La ragazza che si presenta in abiti succinti e in pose provocanti è consapevole di produrre un eccitamento sessuale, anche se lo nega a se stessa.

Quali sono gli uomini che hanno più donne?

I ricchi, i potenti, i divi e alcuni che hanno una carica erotica eccezionale. I maschi sono attratti da tutte le donne e misurano il proprio valore in base al numero di donne che hanno avuto. Per millenni la dimensione dell'harem è stata una misura del potere. Le donne, d'altronde, sono attratte come le falene dagli uomini più forti, più famosi, più ricchi, più potenti. Vi sono miliardari, cantanti, attori, campioni sportivi che hanno avuto un numero incredibile di donne.

Gli uomini hanno tutti gli stessi desideri e la stessa potenza sessuale?

No. Fra di essi vi sono differenze enormi, come nel caso del peso, dell'altezza, della intelligenza e della abilità musicale. Per alcuni il sesso è poco importante, per altri essenziale. E questo capita anche a persone che hanno altre doti ed altri interessi. Per esempio Georges Simenon, di certo uno dei maggiori e più prolifici scrittori del Novecento, era ossessionato dal sesso e poteva avere anche dieci orgasmi al giorno. Egli ha confessato a Fellini di aver avuto più di diecimila donne. E se le procurava, anche molte alla volta, in case di appuntamenti.

Gli uomini con una grande potenza sessuale hanno sempre molte donne?

Non sempre. Alcuni di questi uomini con straordinaria potenza sessuale non cercano solo la quantità, ma anche la qualità, cioè un rapporto sessuale ed emozionale intenso, una intimità erotica ardente con la donna che amano. Passano con lei ogni giorno ore di passione e di tenerezza, con baci, carezze, orgasmi. Questi uomini sanno creare una atmosfera erotica incantata che avvolge la donna, le procura emozioni indimenticabili e può suscitare in lei un amore profondo e duraturo. Un tempo venivano chiamati «rubacuori». Essi possono essere degli ottimi mariti e degli stupendi amanti ma, per quanto siano capaci di essere fedeli per lunghi periodi, è molto difficile – direi impossibile – che lo siano per sempre.

L'amore può essere vissuto come un premio?

In quasi tutte le storie c'è un eroe che combatte contro i giganti, sconfigge il mostro, libera la vergine incatenata o la principessa rinchiusa nel castello e, come premio, ottiene di sposarla, di fare all'amore con lei. D'altra parte la donna ammira, ama, si concede, si è sempre concessa all'uomo forte, potente, al vincitore. La più bella è sempre stata il premio dell'eroe. Ora, per l'uomo innamorato chi è la donna più bella del mondo, quella che non cambierebbe per nessun'altra? La sua amata. Anche l'uomo più povero, più umile perciò, grazie all'amore, vive l'ebbrezza dell'eroe. La sua donna è il suo premio, il premio per tutto ciò che di bello e buono ha fatto nella sua vita. Il premio più importante di qualsiasi medaglia, di qualsiasi riconoscimento. Fare all'amore con la donna amata per l'uomo, perciò, non è solo il più grande piacere fisico, ma anche una esperienza indicibile di potenza e di orgoglio.

Il maschio può essere completamente monogamo?

I maschi hanno un'area cerebrale deputata al sesso più grande di quella delle femmine. Si eccitano con facilità vedendo una donna che si spoglia, che mostra le gambe e il seno, e impazziscono davanti ad una ballerina che danza seminuda. Infine sono attratti dalla pornografia. Perciò sono totalmente disarmati davanti alla tentazione quando una bella donna decide di sedurli. Con una eccezione: quando sono veramente e profondamente innamorati ed hanno con la loro amata una intensa vita sessuale. In questo caso possono eccitarsi moltissimo guardando un'altra, fare fantasie erotiche con questa, ma poi trasferiscono immediatamente tutto il loro desiderio e il loro eccitamento sulla donna amata, ed hanno doppiamente voglia di fare all'amore con lei e solo con lei.

Anche agli uomini piace l'intimità erotica?

A molti uomini sembra impossibile che il piacere sessuale più intenso e profondo, la vera e propria estasi sessuale, si ottenga solo dopo aver realizzato una profonda intimità fisica e psichica con la donna che amano e che li ama. Un rapporto in cui c'è la più assoluta fiducia, la più assoluta confidenza, la più totale libertà e ciascuno cerca senza inibizioni come dare e ricevere piacere. Molti, dopo una vita di promiscuità, lo scoprono tardi, quando si abbandonano senza riserve ad un amore disinteressato e provano un piacere erotico che non avrebbero nemmeno saputo immaginare prima.

È vero che la donna quasi sempre riesce a conquistare l'uomo di cui è innamorata?

Se non sempre, spesso. Non dimentichiamo che la donna, già quando è adolescente, sa adorare il suo divo da lontano anche senza speranza di essere ricambiata. E quando le piace un uomo, è capace di amarlo a lungo, anche molti anni, e aspettare il momento in cui lui finalmente si accorge di lei e si innamora a sua volta. In questo periodo sa anche essergli fedele, o per disinteresse verso gli altri o per timore di perderlo. Un comportamento del genere ha un grande effetto sull'uomo. Perciò possiamo dire che se una donna ama veramente un uomo, se lo vuole veramente, quasi sempre riuscirà ad averlo.

Sono più appiccicosi gli uomini o le donne?

Gli uomini. Le donne, quando sono innamorate fioriscono e, quando sono sicure di essere ricambiate, ne godono profondamente pure a distanza. Sia chiaro, anche la donna sente la mancanza del suo amato e delle sue parole d'amore, come una pelle assetata sente la mancanza dell'acqua, ma è così grande la gioia dell'amore che sopporta meglio la separazione. Gli uomini invece (non tutti naturalmente), quando si innamorano, restano come storditi, insicuri, hanno bisogno della presenza fisica della loro donna, di sentirla accanto, di abbracciarla, di averla sempre a disposizione. Sopportano male la separazione, e se lei si allontana, si sentono persi come il bambino che non ha accanto la mamma. Vogliono sapere tutto ciò che ha fatto, non tanto per gelosia quanto per essere sempre con lei. Il risultato però può essere che alcune donne serene, sicure, che gioiscono dell'amore in sé, dapprima lusingate da tanta attenzione, poi li trovino troppo possessivi.

Come reagisce l'uomo alla libertà sessuale femminile?

Una delle maggiori conseguenze della parità e della libertà sessuale femminile è che oggi una giovane donna di trenta – trentacinque anni può aver già fatto all'amore con moltissimi uomini e aver avuto anche una o più convivenze finite. Questo non le impedisce certo di innamorarsi, ma il suo passato, la sua disponibilità sessuale, rendono l'uomo diffidente e prudente nell'abbandonarsi all'amore. Gli uomini, per abbandonarsi all'innamoramento, cercano la sicurezza della fedeltà. E quando un uomo incontra una donna che ostenta la sua libertà sessuale e le sue avventure, erige istintivamente dentro di sé delle barriere che ostacolano l'innamoramento. Così spesso entrambi desiderano un amore profondo e sincero, ma non si fidano abbastanza l'uno dell'altra per trovarlo.

È vero che molti uomini, a causa della intraprendenza delle donne, diventano impotenti?

No. Ai maschi la disponibilità sessuale delle femmine senza complicanze sentimentali va benissimo. Però si abituano a cercare il sesso facile e diventa per loro più difficile affrontare l'amore e la passione. D'altra parte le donne, spesso, fanno poco per risvegliare il loro desiderio e il loro cuore. Un tempo quando era l'uomo che doveva prendere l'iniziativa, imparava a sedurre, a suscitare nella donna non solo desiderio, ma amore. Ora toccherebbe alla donna fare lo stesso, ma spesso lei aspetta che lo faccia ancora l'uomo.

Perché ci sono uomini che uccidono la donna che li rifiuta o li lascia?

Ricordiamo che esiste una differenza abissale fra maschi e femmine sul piano erotico. Il maschio può andare con qualsiasi donna, anche una che disprezza, anche una nemica. La donna invece va solo con chi sceglie. Quando dice di no, quando lascia un uomo, non sopporta più di essere toccata da lui. L'uomo non capisce il perché. Talvolta le chiede di continuare, o di fare all'amore un'ultima volta. Lei si offende, risponde di no con durezza. Lui insiste, lei lo scaccia. L'uomo lo vive come una provocazione, una offesa. Nella maggior parte dei casi accetta l'umiliazione e se ne va, qualche volta pensando al suicidio. Ma qualcuno reagisce in modo violento, colpisce o addirittura uccide. Le donne, soprattutto quelle giovani, non sempre capiscono il pericolo.

Meglio il potere o l'amore?

Il potere, il successo, la vittoria, la vendetta, la gloria non possono mai dare un piacere duraturo e sereno come quello dell'amore ricambiato. Perché sono sempre accompagnati da contrarietà, nemici, pericoli. Invece a chi ama ed è sicuro di essere riamato, il mondo appare sereno ed amico. Il piacere d'amore sa godere esclusivamente di se stesso e non ha bisogno di nient'altro. Anche quelli che potrebbero apparire ostacoli: un ritardo, un equivoco, l'attesa di una telefonata, sono in realtà sempre fonte di delizioso languore che fa pregustare l'incontro e la felicità dei corpi che, abbracciati, si saziano.

8 Erotismo femminile

Le donne hanno una sensibilità maggiore degli uomini?

Sì. Non c'è il minimo dubbio. Le femmine hanno una sensibilità della pelle, del corpo, una percezione degli odori, una intuizione delle emozioni maggiore dei maschi. I maschi sono eccitati dalle forme, ma in realtà non sanno vedere la donna nella sua interezza, nella sua complessità. Spesso non vedono chiaramente nemmeno il corpo femminile. Le donne scoprono subito i difetti del corpo di un'altra donna. Gli uomini no. Inoltre le donne sono molto più selettive e valutano tutti gli aspetti dell'uomo: la bellezza, la forza, l'audacia, l'eleganza, ma anche cose come il potere o la ricchezza ed infine qualità interiori come il coraggio, la sincerità, lo spirito d'avventura.

La donna è più attratta dall'uomo dolce o da quello duro?

Dall'uomo in cui percepisce la forza, la determinazione, la volontà. E poi lo slancio vitale, la voglia di godere, e il coraggio, la capacità di battersi per lei fino alla estrema violenza. Ma che diventa morbido, tenero, appassionato, dolce perché la ama. Invece ha la tendenza a disprezzare l'uomo debole, piagnucoloso. Quello che si lamenta, ma trema davanti alla moglie, quello che si lascia prendere per il naso, quello che dice sempre di sì.

È vero che le ragazze si innamorano più facilmente di un mascalzone che di uno bravo e perbene?

Sì, ai loro occhi il ragazzo bravo e perbene è prevedibile, noioso, non promette eccitamento, avventura, divertimento, vita brillante, cosa che fa il mascalzone sbruffone, infedele ma sicuro di sé, che le trascina da un locale all'altro, le fa ballare, le stordisce con continue novità. Questo comportamento è frequente soprattutto nelle ragazze giovani che confondono la sfrontatezza, il modo di fare brillante e arrogante con la vera forza virile. Col passare degli anni, però, ogni donna impara a distinguere lo sbruffone dall'uo-

mo realmente forte, dotato di fascino e capace di dolcezza.
Ricordiamo che la donna vuol essere sempre lei a scegliere, a decidere, sa e vuole lottare contro una volontà maschile che cerca di sedurla. Ma, ad un certo punto, le piace anche cedere alla seduzione ipnotica della voce bassa sussurrata nell'orecchio che la lusinga e la eccita. Magari con parole impudiche.

È vero che, per conoscere il maschio, la donna usa il proprio corpo?

Certo. La donna si fida più delle proprie sensazioni corporee che della ragione o di quello che lui le dice. E il primo aspetto che percepisce dell'uomo è l'odore. L'odore lo senti anche a distanza, basta essere seduti accanto in treno, in aereo, in macchina, al ristorante, in salotto o sull'ascensore. Spesso le basta questo per decidere se incominciare a parlare con lui, se stabilire un dialogo erotico oppure no. Fra gli odori quello più importante è l'alito e, a volte, gli si avvicina apposta, con una scusa, per sentirlo. Se le ripugna non vorrà più accostarlo. Poi c'è il sapore, soprattutto il sapore della bocca che rileva col bacio. Ma dal modo di baciare la donna capisce dell'uomo moltissime altre cose, perfino se è avaro o generoso, sincero o falso.

Perché per la donna sono così importanti l'abbigliamento e il trucco?

Le donne, in ogni società ed in ogni epoca, hanno sempre curato l'abbigliamento ed il trucco perché solo così possono valorizzare la propria bellezza. La donna prova piacere erotico nel piacere, nell'attrarre, nell'eccitare l'uomo, nel suscitare in lui desiderio, amore. E poiché l'uomo ha una grande sensualità visiva ed è attratto dall'aspetto esterno della donna, lei cerca di rendersi bella, piacente, attraente con i mezzi che ha a disposizione. L'effetto sull'uomo è straordinario. La differenza fra una donna trascurata e la stessa in «alta uniforme» è così grande che l'uomo ha l'impressione di due persone diverse. Nel celebre film *Sabrina* quando la ragazza (Audrey Hepburn) torna elegantissima da Parigi, i due uomini non la riconoscono, poi se ne innamorano.

Una donna si fa sempre bella per l'uomo che ama?

Sempre, ed in modo commovente. La donna innamorata dedica una grandissima cura al suo corpo, alla sua pelle, ai suoi capelli, alle sue labbra, al suo abbigliamento, per piacere ogni volta all'uomo che ama. È come se preparasse per lui, ogni volta, un'opera d'arte. Ed è straordinaria la dedizione, la cura, l'inventiva, la creatività con cui lo fa. Molte, anche se non tutte, sanno intuire i desideri inconsci del loro uomo e scelgono i vestiti, l'abbigliamento intimo, il trucco, le collane, gli orecchini, il profumo in modo da rendere il loro corpo il più possibile eccitante, desiderabile per lui. Le più povere ci riescono con mezzi modesti. Anche la ragazza indiana che non ha nulla, drappeggerà con sapienza il suo sari e metterà un'orchidea fra i capelli per incontrare l'uomo amato.

È importante il lusso?

La donna ha sempre desiderato l'agiatezza per rendere erotico il proprio corpo. Per abbellirlo, migliorarlo in tutte le sue componenti, l'acconciatura dei capelli, gli occhi, la carnagione. Nelle classi agiate è questo il compito degli stilisti, dei sarti, dei calzolai, dei parrucchieri, dei truccatori, dei chirurghi estetici, dei gioiellieri: trasformare le donne in creature straordinarie, superiori alla vita quotidiana, addirittura senza più contatti con essa. La bellissima donna in abito da sera ci dice, col suo aspetto, col suo modo di camminare, col suo modo di sedersi, di guardare, che non ha più rapporto con il lavoro, la fatica, le miserie, le preoccupazioni in cui si dibattono gli esseri normali come noi, ma può dare solo estasi e piacere.

È vero che la donna ama l'amore più dell'uomo?

Sì. La donna desidera piacere, desidera suscitare il desiderio e la passione negli uomini. E sogna l'amore, l'abbraccio appassionato, l'intimità prolungata, deliziosa con l'uomo che le piace. Inoltre sa amare a distanza, per molto tempo, sa aspettare. Non ha paura di innamorarsi e, quando si innamora, fiorisce, diventa più bella e si abbellisce ulteriormente per piacere al suo uomo. Gli uomini, invece, si difendono dall'innamoramento e, quando si innamorano, ne sono sempre sorpresi e sconvolti, ne hanno paura, talvolta lo vivono come una malattia. Ed è, di solito, la donna che con il suo calore, la sua serenità, la sua dedizione, li rassicura ed insegna loro ad abbandonarsi, ad amare.

Perché molte donne dicono che non ci sono più veri uomini?

Perché alcune di loro hanno assunto modelli di comportamento maschile. Dicono anche: «Esco per rimorchiare». L'uomo era abituato a dover faticare sette camicie per portarsi a letto una donna. Ora non deve fare assolutamente nulla, solo aspettare che una lo inviti. Gli uomini, mi faceva notare pochi giorni fa una giovane e bella giornalista, sono diventati più sicuri di sé, più alteri, addirittura più superbi. Non erano abituati ad essere tanto coccolati. Però, nel profondo le donne non sono cambiate, desiderano essere corteggiate loro, desiderano uomini pieni di ardore, di desiderio, capaci di incantarle con le loro parole d'amore. E quando si avvicinano ai quarant'anni cercano anche un uomo solido, che le ama, le capisce, è fedele, le aiuta. Invece spesso trovano degli uomini deboli, o apatici o così vuoti che, fatto l'amore, non sanno più cosa dire. Allora dicono che non ci sono più veri uomini. In realtà anche loro hanno perso la voglia o la capacità di sedurre, di provocare il desiderio, di svegliare la mente e di accendere i cuori.

Cos'è il fascino?

Il fascino non è un corpo, non è un volto, è il tralucere di una vita. Nel film di Scorsese *L'età del-*

l'innocenza, la contessa Olewska, interpretata da Michelle Pfeiffer, esercita un fascino irresistibile perché porta, nella banalità newyorkese, il segreto conturbante degli amori e delle passioni europee. Un mistero che traspare nella dolcezza fiera e dolente dei suoi lineamenti, nel suo sorriso disarmante, nel suo abbigliamento raffinato, nella sua sicurezza fra gente ostile, nel suo anticonformismo che indica altre abitudini, altri amori, rapporti proibiti. Il fascino è sempre il tralucere di un passato e di un mondo a noi sconosciuto, superiore al nostro ordine quotidiano. È il rivelarsi di questo mistero, è la seduzione di questo mistero.

È vero che le donne sono attratte dai divi dello spettacolo, dello sport?

Certo. Avete mai visto un gruppo di preadolescenti in presenza di un loro idolo? Si protendono verso di lui, rosse, congestionate, lanciano urla roche, qualcuna sviene, i genitori faticano a trattenerle. È la prima manifestazione dell'erotismo femminile che tende verso l'alto (nome tecnico iperginia). Dopo un concerto rock vi sono decine di femmine esaltate che sperano di poter andare a letto col cantante. Conosco un noto sportivo che, dopo ogni gara, viene invitato a fare all'amore da ragazze che si autodefiniscono «scopatrici di campioni». E conosco un divo della televisione che, prima della sua trasmissione quotidiana, chiama nel suo studio una ragazza del gruppo degli spettatori e si fa fare una fellatio. E ce ne sono sempre che aspettano il loro turno. Questi comportamenti femminili aumentano la competitività dei maschi, il loro sfrenato desiderio di eccellere. Perché chi vince ha legioni di donne, e chi perde nessuna.

Perché le donne sono attratte dai ricchi, dai potenti, dai vincitori?

Per ragioni biologiche. In tutti gli animali superiori i maschi competono per la femmina e questa si accoppia con il vincitore. Nei branchi si accoppia con il capo branco. Nell'essere umano il bambino nasce immaturo ed ha bisogno di cure per molti anni. Con diversi figli la donna non era in condizione nemmeno di procurarsi il cibo. Sono sopravvissute le donne che hanno scelto un maschio capace di proteggere loro e la loro prole e, con lo sviluppo della civiltà, un maschio forte, ricco, potente che assicuri loro e ai loro figli una vita comoda e sicura. Solo da poco tempo le donne si sono rese economicamente e psicologicamente indipendenti, hanno incominciato a fare carriera, ma la tendenza atavica continua ad agire.

Sono attratte anche dagli uomini che hanno più donne e le più belle?

Sì. Perché il playboy, il dongiovanni, l'uomo che ha avuto tante donne viene visto come un vincitore. Gioca inoltre l'imitazione e la curiosità. Molte infatti si dicono che, se è piaciuto a tante, vuol dire che ha qualcosa di straordinario che anche loro vogliono provare. E vi sono anche quelle che se ne innamorano perché pensano che, con il loro fascino e con il loro amore, riusciranno dove tutte le altre sono fallite: a legarlo a sé per sempre, a farlo diventare fedele. Di solito una illusione alimentata dallo stesso dongiovanni che, alla ultima donna che gli corre nelle braccia, dice che lei è l'unica, superiore a tutte le altre.

E cosa succede ai poveri?

I poveri imparano, quasi sempre abbastanza presto, che le «bellissime» non sono per loro.

Perché le vedono salire su auto sportive di lusso mentre loro potrebbero offrire solo un passaggio in motorino. Perché vedono che vengono subito acciuffate dalla pubblicità, dalla televisione, dalla moda e cambiano status sociale. E si rendono conto che, se le sposassero, alla fine arriverebbe un televisionaro o un ricco che gliele porta via. Quindi, ad un certo punto, vi rinunciano. Ma non immaginiamo un ragionamento cosciente. Smettono semplicemente di cercarle, di guardarle, frequentano le belle ragazze che sono al loro livello, se ne innamorano, vengono ricambiati e sono felici. L'innamoramento e l'amore, per fortuna, non sono riservati ai ricchi, ai belli e ai potenti. Quando sei innamorato la tua donna è la più bella del mondo, e non la cambieresti con nessuna attrice o nessuna top model.

Quand'è che la donna prova il massimo del piacere?

Quando può abbandonarsi senza paure, senza riserve, senza ritegno, senza vergogna. Invece molte donne anche se hanno avuto tanti amanti, in realtà non sono mai riuscite ad abbandonarsi completamente. Perché un nuovo uomo è pur sempre un estraneo. Per abbandonarsi devono amare ed aver realizzato una straordinaria confidenza con il loro amato. Il massimo del piacere erotico perciò lo provano quando possono dire: «Io di te amo tutto: amo starti accanto, amo le tue parole, amo le tue mani, i tuoi occhi, amo il tuo sesso, amo il tuo viso, amo ogni centimetro della tua pelle, e passerei una giornata intera a baciare ogni parte del tuo corpo, a strofinarmi su di esso e a prenderti dentro me. E quando esco in strada dopo aver fatto a lungo l'amore con te, gli uomini mi guardano in modo diverso, si avvicinano, mi sorridono, come fossero attratti dal mio odore di femmina».

L'orgasmo femminile è favorito dall'amore?

Sì. Mentre l'orgasmo maschile avviene praticamente con qualsiasi donna e consiste in una violenta convulsione seguita da emissione di sperma, quello femminile avviene di solito solo con un uomo che le piace e con cui si trova in armonia. Quando è innamorata e si sente riamata. Allora si abbandona, lascia la sua sessualità libera di manifestarsi appieno, può avere molti orgasmi che le danno un piacere straordinario. In alcuni, più intensi, tutto il suo corpo si contrae, le sue pareti vaginali si muovono ad aspirare il pene maschile e l'utero stesso si spinge in avanti e provoca un risucchio che attrae lo sperma verso l'uovo e ve lo trattiene aumentando enormemente la probabilità di fecondazione. Così nel corso dei millenni le donne hanno finito col procreare soprattutto con gli uomini che preferivano e con cui provavano più piacere.

Che differenza c'è fra uomo e donna quando finisce l'amore?

Quando ci innamoriamo, tutti mettiamo il nostro amato più in alto. Ma, quando cessa l'innamoramento, mentre l'uomo si limita a riportare la sua ex amata al livello delle altre, la donna porta chi amava ad un livello più basso degli altri, in un abisso. E se lui piange e la scongiura di tornare insieme, lei prova disprezzo e, se vuol fare all'amore, ripugnanza. Di qui la frase «Non toccarmi!» tipicamente femminile. La donna che lascia fa più facilmente all'amore con il primo che capita. L'espressione «vado col primo che capita, ma non con te» non è perciò solo un modo di dire, ma un vero comportamento. L'uomo ha una reazione opposta. Se la donna che sta lasciando piange, lo scongiura di restare con lei, di fare all'amore, non solo non prova disprezzo, ma al contrario tenerezza, stima, e ne viene attratto eroticamente.

Chi decide di troncare, l'uomo o la donna?

Di solito è la donna che rompe bruscamente e per sempre. L'uomo lascia, ma può riprendere per amicizia, oppure per desiderio sessuale. La donna tronca in modo brusco perché vuole un amore vero, quando è delusa, prova collera, odio. E, conoscendo intuitivamente l'uomo, lascia crescere la sua tensione aggressiva dentro di sé fino ad un livello parossistico. Non vuole che trapeli, nemmeno inavvertitamente. No, lui non deve immaginare nulla, sospettare nulla fino al giorno in cui lo caccerà via, via per sempre. Sarà una vendetta terribile dirgli che non lo amava, lo disprezzava, le faceva schifo, rinfacciargli le sue cattiverie, le sue meschinità, lasciandolo sconcertato, impietrito, distrutto. E vederlo brancolare, piangere, scongiurare come un bambino piagnucoloso, rafforzando così ancora più il suo disprezzo.

Perché lo stupro è così orribile?

Un uomo fa fatica a capire perché una donna che si concede con estrema facilità a tanti uomini, a lui invece dice di no e considera la sua insistenza una molestia sessuale. Non sa che «la scelta» è l'essenza dell'erotismo femminile. È sempre la donna che sceglie, e sceglie chi le piace. Può decidere di rinunciare a questo suo diritto, come fa la prostituta che va con tutti dietro pagamento. Ma attenzione: nel preciso momento in cui, ad una certa ora o in un certo giorno, lei smette di essere prostituta, si riappropria del proprio diritto e, se viene pressata a compiere un atto sessuale, lo vive come uno stupro. Il suo corpo si tende a difesa, la mente arretra, la vagina si chiude, si contrae e, se penetrata, prova un senso di lacerazione. Allora lei odia l'uomo e la sua forza, il suo afferrare per prendere, la sua volontà di estorcere piacere senza saperlo dare. Lo stupro, prima che un atto di violenza fisica, è un atto di violenza contro la istintiva libera volontà della donna di darsi a chi le pare.

Oggi una donna può innamorarsi ed essere amata a sessant'anni e oltre?

Certo. Col prolungarsi della vita e della giovinezza biologica, sono molte le donne che vivono un grande amore molto tardi. Spesso un amore più pieno, libero, generoso di quando erano giovani, quando avevano fretta, dubbi, ambizioni, paure. Mentre ora vi si abbandonano totalmente, felici di ricevere e felici di donare, senza calcoli e senza riserve. Perciò soltanto ora il loro corpo diventa, come non era mai stato prima, un grande oceano di piacere vibrante che risponde con sussulti di godimento ad un semplice abbraccio, una semplice carezza dell'uomo amato. Ora provano piacere a toccarlo con il proprio corpo, quasi a spalmarsi sulla sua pelle e ad annullarsi totalmente in lui, fondendosi nell'oggi, nella felicità dell'oggi senza turbamenti di un qualsiasi domani.

Cercano più la promiscuità gli uomini o le donne?

Gli uomini perché hanno una tendenza naturale a disseminare il loro seme in donne diverse anche se non le amano. Anche le donne possono esser promiscue ma, di solito, vengono convinte a farlo dai maschi e dal gruppo degli amici con l'aiuto dell'alcool o di droghe. Come abbiamo già detto, le droghe, soprattutto la cocaina, annullano i processi amorosi che portano a desiderare la persona amata e solo lei. Sotto il loro effetto anche la donna si sente onnipotente, perde ogni freno morale, sente di poter fare qualsiasi cosa e quindi è pronta ad accoppiarsi con altri. Questa perdita dei sentimenti amorosi è accentuata dall'aggiunta dell'alcool, dalla presenza di altre persone. È quello che accade nei party a luci rosse. Poi, quando l'effetto della droga e dell'alcool è passato, di solito, il piacere delle promiscuità scompare. L'uso abituale della droga può però produrre alterazioni nella capacità di amare.

9 La coppia

Ci sono persone che hanno bisogno di sentire l'altro sempre accanto?

Sì. Ci sono persone – tanto maschi quanto femmine – che hanno bisogno di avere l'altro sempre accanto. Il re di Inghilterra Edoardo VII ha abdicato perché non riusciva a restare lontano dalla sua amata Wallis neppure alcune ore. E vi sono degli innamorati che «sentono» addirittura la distanza. Ho conosciuto un uomo che soffriva tanto più quanto più la sua amata era lontana, e incominciava a stare bene se si avvicinava. Quando lei si trovava a Los Angeles era triste poi quando, nel ritorno, arrivava a Parigi, lo vedevi già sollevato e diventava sorridente quando la sua donna sbarcava all'aeroporto. Ma era felice solo quando finalmente la sentiva girare per casa e udiva i rumori che faceva nella stanza accanto. Anche se rigovernava i piatti.

Perché due innamorati vogliono vivere insieme?

Perché stanno veramente bene solo quando sono vicini e appena hanno voglia di vedersi, di parlarsi, di toccarsi, di baciarsi, di fare all'amore, possono farlo. E il modo più semplice è vivere insieme, dormire insieme, mangiare insieme. Naturalmente due persone possono voler convivere anche per altre ragioni: per non stare soli, per farsi compagnia, per ridurre le spese, però gli innamorati lo fanno perché i loro corpi e i loro spiriti si cercano. Intendiamoci, due persone possono formare una coppia anche se vivono in luoghi diversi, purché abbiano la possibilità di vedersi, di incontrarsi. Lo studio accurato delle biografie dei personaggi storici mostra che molti di loro hanno avuto degli amori segreti durati talvolta decenni.

E perché invece alcuni non vogliono farlo?

Spesso capita a persone che vivono con i genitori e trovano costoso e faticoso mettere su una casa nuova. Lo stesso capita a persone non più giovanissime, ciascuna con le proprie comodità e le proprie abitudini. Allora decidono di restare ciascuno nella propria casa ma, quando sono innamorati, si cercano continuamente. Hanno bisogno di restare vicini: «Il mio corpo accanto al tuo corpo, i miei passi accanto ai tuoi passi, il mio respiro accanto al tuo respiro». Non solo per fare all'amore, ma anche per condividere le piccole cose quotidiane realizzando una intimità che rende la vita dolce, serena.

È vero che il matrimonio è la tomba dell'amore?

No. Tutti gli innamorati si dicono, esplicitamente o implicitamente, quanto viene promesso nel matrimonio «Ti amerò, ti onorerò, ti sarò fedele in ricchezza e povertà, in salute e malattia finché morte non ci separi». L'innamoramento vuol diventare quotidianità, vuol diventare amore che dura. Che poi i due vadano a convivere o si sposino con rito laico o religioso non cambia nulla. Certo, poi può accadere che, col passare degli anni, l'amore svanisca ed allora la convivenza o il matrimonio diventano un peso. Questa esperienza, proiettata all'indietro, fa dire che il matrimonio è la tomba dell'amore. In realtà l'amore finisce per conto suo, con o senza matrimonio.

In molte culture, dove i matrimoni sono combinati (dalla Corea, all'India ad alcuni Stati medio orientali o africani) uomini e donne danno per scontato che impareranno ad amare il marito e la moglie dopo il matrimonio. È possibile?

Noi ci innamoriamo sempre di qualcuno che vediamo da vicino, con cui possiamo parlare, avere un minimo di intimità. Il naufrago su un'isola sperduta si innamora di una donna del luogo. La ragazza che vive in un villaggio isolato di un ragazzo che abita vicino a lei. La donna che non può avvicinare e vedere nessun uomo salvo il marito che è stato scelto per lei, finirà per innamorarsi del marito.

C'è un piacere della quotidianità?

Gli innamorati pensano continuamente a chi amano, sono mentalmente sempre con lui. E, quando lo incontrano, lo guardano incantati perché scoprono sempre in lui qualcosa di bello, di ammirevole: la pettinatura, il trucco, il modo di camminare, il sorriso, ma anche le cose che fa, come cucinare, apparecchiare la tavola. Ogni azione svolta insieme è fonte di piacere: mangiare guardandosi negli occhi, uscire a passeggiare, sedere l'uno accanto all'altro a guardare un film. Poi addormentarsi stringendosi le mani, toccare l'amato al buio la notte, vederlo accanto a sé al mattino, preparargli la colazione, sfogliare insieme il giornale, e parlare, parlare, parlare... Gli innamorati fanno i gesti più abituali come se fossero ogni giorno una rivelazione.

La separazione fa bene o fa male all'amore?

Un po' di separazione fa bene, molta fa malissimo. Quando due innamorati vivono in città diverse, si incontrano ogni settimana o ogni quindici giorni e finiscono per comunicare col telefono. Ma in amore le parole non bastano, non riescono a dire tutto, possono ingannare. Per comunicare l'amore occorre la presenza, il viso, il corpo, occorre il gesto, l'abbraccio, l'odore, il sapore dell'altro.

È importante la sessualità per la vita della coppia?

È fondamentale. Molto spesso le coppie si rompono perché il maschio non riesce a capire e a soddisfare la complessa e sofisticata sessualità femminile, che ha bisogno di fantasie, di emozioni, di parole, di carezze, di baci, di ritmi, di varietà, di corteggiamento. Ma anche le donne spesso non riescono ad intuire quali sono le fantasie o i modelli erotici inconsci dell'uomo che amano ed offrono se stesse come sono, non si modellano per lui. C'è però anche il caso della donna innamorata e felice perché il suo uomo la ama appassionatamente che, interpretando le sue parole e le sue reazioni, intuisce quale è il suo ideale erotico inconscio ed allora modifica l'immagine che aveva di se stessa, inventa il proprio abbigliamento, la propria gestualità, riplasma addirittura il suo corpo fino a realizzare l'ideale dell'amato. Ma, poiché anche lui si è reinventato per rispondere ai suoi desideri, sono diventati ciò che entrambi sognavano. Allora questa coppia dura.

La sessualità nella coppia ha bisogno di continuo esercizio?

Sì. È essenziale, fondamentale che due persone sposate o che convivono continuino a fare all'amore e non si lascino tentare dall'idea di rimandare. Perché l'erotismo, come ogni altra attività umana, esiste finché viene esercitato e perfezionato. Smettete di occuparvi di cucina e diventerete una pessima cuoca, non andate in automobile e disimparerete a guidare, non esercitatevi a dare piacere al vostro compagno e lui non vorrà starvi vicino. Molte coppie trasformano i loro corpi in oggetti inerti soltanto a causa della pigrizia.

È possibile una fedeltà reciproca duratura?

Molti dicono di no. Ma non è vero. Ci può essere anche per periodi lunghi, lunghissimi, venti, trent'anni. Ed anche fra persone che, in precedenza sono sempre state molto libere e che non hanno scrupoli religiosi. La fedeltà è sempre frutto della volontà, di una scelta volontaria. Ma questa scelta non deve essere pensata come una rinuncia. Alcuni uomini sono fedeli perché amano tanto la loro donna da non volerla confondere, mescolare con altre. Le donne innamorate provano invece il piacere e l'orgoglio di dire di no a tutti gli altri per esser solo dell'unico uomo che merita il loro amore, il loro cuore, il loro corpo. Un giardino fiorito che si apre solo per lui.

L'abitudine è nemica dell'amore?

Nemica mortale. L'amore è fondato sulla libertà, perché lo spirito è libertà. Il sicuro, stabile possesso ottenuto una volta per tutte come la proprietà di uno schiavo, o di un oggetto inanimato, lo uccide. La coppia resta innamorata se conserva una componente di sorpresa, di rischio, di incertezza, di scoperta, di rivelazione. La vita amorosa della coppia si svolge fra due polarità opposte: la prima è la sicurezza, la fedeltà, la quotidianità, la lealtà, la rassicurazione, la seconda è il mistero, l'incantesimo, l'avventura. L'amore, anche l'amore più sicuro, è sempre fatto contemporaneamente dell'orgoglio di avere una persona meravigliosa, e di un pizzico di attesa, di batticuore. Insomma anche nella coppia più innamorata, ciascuno l'amore se lo deve continuamente meritare.

Nella coppia chi ama più a lungo, l'uomo o la donna?

La donna. La donna, anche se è attratta da chi vince, da chi emerge, quando ama tende ad amare a lungo. E se rompe nettamente è proprio perché non sopporta di essere legata ad un uomo che non ama e che non la ama. Possiamo addirittura dire che la donna è tendenzialmente fedele e l'uomo tendenzialmente infedele. È perciò la donna la base della coppia, quella che la fa durare.

Nella coppia è più pericolosa la gelosia o l'invidia?

Incominciamo a distinguere questi due sentimenti. La gelosia è il timore che il tuo amato preferisca un altro a te. L'invidia invece nasce quando qualcuno ti supera e tu vorresti essere al suo posto. Nella coppia sono entrambi pericolosi ma, a mio giudizio, è più pericolosa l'invidia della gelosia. La gelosia infatti presuppone l'amore. Io soffro perché qualcuno mi porta via chi amo. L'invidia invece non presuppone affatto l'amore: è rancore, odio, desiderio di abbassare, svalutare l'altro, distruggerlo. Quando l'invidia sorge fra due persone che si amano annienta l'amore.

Si tradisce solo quando non si ama più?

Le donne certamente. Gli uomini spesso. Quando due persone sono innamorate sono così felici di stare insieme che non pensano nemmeno a tradirsi. Ma basta che si affievolisca un po' il desiderio che, soprattutto gli uomini, separando il sesso dall'amore, possono cercare esperienze sessuali con altre persone. Poiché non sono coinvolti emotivamente, si autoconvincono che non è un vero tradimento. Bisogna però aggiungere che anche loro provano una impressione di aridità e, se temono di perdere la persona amata, vi rinunciano facilmente. Se continuano è perché il loro amore non è completo.

Uomini e donne tradiscono in modo diverso?

Tutti e due di solito tradiscono quando l'altro è lontano, quando si sentono soli, quando si sentono trascurati. L'uomo lo fa senza cercare forti giustificazioni e soprattutto senza mettere in crisi tutto il rapporto. Lo relega, con estrema facilità, nella sfera puramente fisica. La donna, invece, si interroga più a fondo sul motivo del suo tradimento, rivede tutto il rapporto, non vive e non concepisce i rapporti sessuali e la relazione amorosa come se fossero compartimenti stagni.

Quando si supera (si perdona) un tradimento?

Nelle coppie normali si stabilisce sempre il *patto di esclusività* tra i partner che, quindi, si sentono traditi se la moglie o il marito va anche una volta sola con un'altra persona.

Il tradimento è venire meno al patto di esclusività. Se l'altro non ti ha promesso l'esclusività non puoi parlare di tradimento. Nel matrimonio aperto ciascuno è libero di fare all'amore con chi vuole. Molte donne si innamorano dei dongiovanni anche se sanno che vanno con tante altre. È invece molto più difficile che un uomo si innamori di una donna che ha la fama di mangiatrice di uomini.

Quando due persone continuano ad amarsi, il tradimento provoca dolorose ferite per entrambi. La persona tradita, ferita, umiliata, prova un profondo sentimento di ingiustizia perché la sua dedizione non è stata ricambiata. E si rimprovera di non aver saputo salvaguardarsi e di non essersi accorta di quello che provava l'altro. E pensa che, se lui ha mancato al patto una volta, potrà farlo sempre. Chi ha tradito, se ama ancora, è ferito e impaurito anche lui perché non ha saputo difendere il proprio amore, non ha saputo rispettare la persona a cui più teneva e che ora rischia di perdere.

Quando allora si perdona? Quando chi ha tradito riesce a convincerti che, in realtà, lo ha fatto come stordito, senza provare amore, senza provare piacere, che ha dimenticato tutto e che non avverrà più. Cioè negando, mentalmente, che sia avvenuto.

E se lui o lei continuano a tradire come si può perdonare?

Solo rinegoziando da capo il patto di fedeltà. Si decide che o ci si lascia o si resta insieme. Ma, in questo secondo caso ci si promette di volersi bene, di rispettarsi, aiutarsi in tutti i modi, però, sul piano sessuale a ciascuno viene lasciata la possibilità di qualche infrazione. Fino ad arrivare all'accordo in cui ciascuno è libero di andare con chi vuole e quando vuole. Un tipo di rapporto che esiste presso alcuni omosessuali maschi ed assomiglia molto alla amicizia erotica, però formalizzato, diventato un impegno, un "matrimonio aperto".

Perché la gente tradisce col miglior amico o con la migliore amica?

Dobbiamo a René Girard la consapevolezza che l'uomo si identifica con gli altri e desidera ciò che essi desiderano. Il bambino vuole il giocattolo che vede in mano al fratello, l'uomo la macchina sportiva che ha l'amico. Passando al terreno erotico, vediamo che una donna è spesso attratta dall'uomo dell'amica del cuore e i maschi dalla nuova amante del loro amico intimo. Entrambi, di solito, si fermano perché scatta il divieto interiore dell'amicizia. Ma non sempre. Quando l'amante dell'amico dice al nostro uomo di essere libera, lui appena ne avrà l'occasione le farà delle avances. E la ragazza a cui l'amica ha continuamente parlato del fidanzato e delle sue straordinarie qualità, se lui la corteggia, è molto tentata di dire di sì.

Perché spesso gli uomini, superati i cinquant'anni, si innamorano di donne molto più giovani, con le quali si ricostruiscono una famiglia? E perché questo fenomeno pare diffondersi anche tra le donne?

Noi tendiamo ad innamorarci nelle svolte della nostra vita, nelle fasi di grande cambiamento. I quarantacinque-cinquant'anni sono per entrambi i sessi l'ingresso in una nuova età. Entrambi desiderano rinascere, ritornare giovani, fare le esperienze che non hanno fatto, vivere le vite che non hanno vissuto. Le donne hanno i figli già grandi e vogliono sentirsi ancora libere come quando erano ragazze, essere corteggiate, provare di nuovo l'ebbrezza dell'amore.

Alcune si innamorano di un uomo più giovane. Gli uomini questo lo hanno sempre fatto. Innamorandosi di una donna giovane l'uomo rinasce, è come se gli venisse donata una nuova vita. Non era il sogno di Faust?

Posso restare amico di una persona con cui ho avuto una relazione d'amore?

Dipende da come è finito il rapporto. Se è finito con una separazione ed un divorzio avvelenato, in cui si contendono i figli, resta una durevole inimicizia, un durevole rancore. Se invece i due si sono lasciati senza conflitto e senza risentimento, dopo un certo periodo di tempo possono essere tentati di ricucire il rapporto, ed avere talvolta rapporti sessuali. In alcuni casi possono anche re-innamorarsi. Ma è più facile che, ad un certo punto, si accorgano che li unisce solo una profonda conoscenza reciproca, che possono fidarsi l'uno dell'altro e così restano amici, solo amici.

Ci sono delle regole per far durare una coppia?

Me ne vengono in mente quattro. La prima è la regole della *gentilezza*: trattare sempre bene l'altro, non insultarlo, non rimproverarlo per sciocchezze, cercare di capire i suoi gusti, non imporgli i propri, rispettare le sue credenze politiche o religiose. La seconda è la regola del *piacere sessuale*: farlo sentire desiderato e farsi desiderare. Cercare di capire cosa gli piace, con la dovuta delicatezza farselo dire. Non fingere un piacere che non provi perché lo indirizzi su una strada sbagliata. Non temere di essere ardente, di farlo sentire troppo amato. La terza è la regola della *varietà*: evitare la monotonia, inventare sempre nuovi modi di stare insieme, creare anche degli spazi di libertà, non essere oppressivi. Poi cambiare abbigliamento, trucco, studiando quello che piace all'altro, che lo eccita, che lo fa sentire orgoglioso. La quarta è la regola della *dedizione*: essere fedele, leale, aiutarlo fino in fondo nelle difficoltà, nella malattia. Rispondere subito alle sue richieste di aiuto. Se entrambi rispettano queste quattro regole la coppia può durare molto a lungo.

10 La fine dell'amore

Cosa vuol dire quando due innamorati, stando insieme, si annoiano?

Che non sono veramente innamorati. Le persone veramente innamorate hanno sempre mille cose da dirsi, da raccontarsi; ogni esperienza che fanno appare loro sempre nuova. Per loro è tutto straordinario, è tutto «la prima volta». E piace loro anche stare in mezzo agli altri, viaggiare, passeggiare per le strade, ed ogni cosa sembra bella, anche stare seduti su un muretto in una giornata di sole o aspettare il treno insieme alla stazione. <u>Se si annoiano vuol dire che qualcosa non funziona.</u>

E se uno dei due si vergogna dell'altro?

Chi si vergogna non è innamorato fino in fondo, ha delle resistenze interiori. L'innamorato riesce sempre a vedere qualcosa di positivo nel comportamento del suo amore. Se si vergogna per qualche sbaglio che fa, cercherà di correggerlo e se l'altro lo ama, imparerà subito. Quando invece continua a vergognarsene, vuol dire che, nel profondo, lo rifiuta o ne ha paura. Ho presente il caso di un medico che si era innamorato di una ragazza molto giovane, intelligente, scatenata, piena di vita. Non aveva il coraggio di presentarla ai suoi amici e alla sua famiglia perché aveva paura della sua carica vitale, ma diceva a se stesso che lei non era alla sua altezza sociale. Alla fine sposerà un'altra più spenta, prevedibile, banale. Fra persone che vivono insieme o sposate, quando una delle due incomincia a vergognarsi dell'altra vuol dire che l'amore sta morendo.

Ci si può disinnamorare improvvisamente?

Nel senso che nel pieno dell'innamoramento, di punto in bianco, senza un motivo ci accorgiamo che l'altro non ci dice più niente, che la passione che proviamo è istantaneamente svanita, no. L'innamoramento crea un legame molto forte.

Quando un amore scompare improvvisamente così come era improvvisamente comparso, è perché non era un vero innamoramento, ma una infatuazione competitiva, erotica o divistica.

Perché certe volte un amore finisce quasi subito, o molto presto?

Quando le due persone si fermano alla fase iniziale dell'innamoramento. L'innamoramento è un processo, l'abbiamo ripetuto più volte. Essi non lo percorrono fino in fondo. Si dicono: «Sono pazzamente innamorato, sono pazzamente innamorata». Fanno all'amore, magari vanno a vivere insieme, ma non si raccontano la loro vita, non vogliono sapere come era veramente l'altro, vogliono vivere solo l'ebbrezza del presente. Non hanno voluto conoscersi profondamente, non hanno voluto rivedere insieme criticamente il proprio passato (la *storicizzazione*), non sono cambiati, non si sono adattati reciprocamente, non hanno fuso le loro personalità, non hanno costruito insieme e in assoluta sincerità un progetto condiviso di vita. In sostanza non sanno chi sono e non conoscono le differenze incompatibili che li separeranno. Allora, finita la fase di ebbrezza erotica, del gioco e della festa, entrati nella vita reale, quotidiana, scoprono stupefatti che sono assolutamente diversi da come avevano immaginato. Il più delle volte è la donna che se ne accorge per prima perché si sente delusa, tradita. Amareggiata, scopre che non è più innamorata, che non può vivere con quell'uomo che le sembrava così affascinante. Ed è quasi sempre lei che lo lascia.

E quando invece finisce dopo molti anni?

La causa principale è l'*evoluzione divergente*. Noi reagiamo in modo diverso alle sfide che la vita ci pone, alle diverse occasioni che ci presenta. Due persone che, all'inizio erano straordinariamente unite, anno dopo anno possono prendere strade diverse. Può avvenire quando l'uomo vive fuori di casa, in ufficio, e la donna si occupa solo dei lavori domestici e dei figli. O invece quando i figli crescono ed è la donna che sviluppa nuovi interessi. O quando uno ha successo e l'altro no. O quando incominciano a pensarla in modo diverso su molti argomenti politici e religiosi e il loro dialogo diventa difficile. O perché finisce il rapporto erotico: i loro corpi non si cercano e, per stare insieme, non basta la fiducia reciproca. O proprio quando viene meno la fiducia, per esempio perché uno si fa un amante o si innamora di un'altra persona.

Come ti accorgi che non lo ami più?

Perché, a differenza di come accadeva prima, ora quello che fa ti irrita, lo trovi sbagliato. Perché ti vergogni per come si veste, o per come cammina, o per quello che dice, o per il modo in cui ride. Perché non ascolta i consigli che tu gli dai e tu ne sei offesa, infastidita. Perché hai l'impressione che non apprezzi quanto hai fatto per lui, sia irriconoscente, egoista. Perché pensi che nel corso della vita non ti abbia aiutato come avrebbe dovuto, ma anzi ti abbia ostacolato per mettere in mostra se stesso. Perché trovi che è disordinato, che non impara. Perché trovi insopportabili alcune sue abitudini e le sue battute. Perché ti dà fastidio il suo odore.

E come ti accorgi che lui non ti ama più?

Perché vedi che è diventato assente, che ti ignora, non ti ascolta, che non ti accarezza più spontaneamente, non ti bacia, non ti fa regali o, se li fa, sono sbagliati anche quando ti conosce bene. Poi non ti fa complimenti, non ti parla mai d'amore. Oppure perché si irrita esageratamente se gli fai una osservazione, rifiuta i tuoi consigli e risponde male se lo correggi. Perché capisci che, nel profondo non gli interessa quello che fai, quello che pensi, quello che dici. Perché non ti aiuta quando hai bisogno. Perché capisci che non ti stima. Perché ogni tanto esplode mostrando la sua aggressività di fondo.

L'amore finisce perché non era come lo immaginavi?

Può accadere all'inizio. I due in pochi mesi si accorgono di non essere come pensavano. Quando invece c'è stato un vero innamoramento e l'amore è durato a lungo, l'impressione che lui (o lei) non fosse come lo avevi immaginato è falsa. La trasfigurazione dell'innamoramento non è mai una pura invenzione, un puro delirio, ha sempre una base, non fa che accentuare, esaltare ciò che esiste. È una esagerazione, una iperbole, non una pura illusione. Poi nel corso della vita noi cambiamo, cambiano le circostanze, dobbiamo affrontare altri problemi e le qualità della persona amata che ci attraevano non ci servono più. Allora le senti come un limite, un ostacolo. Quell'uomo impulsivo e impetuoso ora ti appare violento e litigioso. Quella donna ridente, brillante e fantasiosa, ora ti sembra sconsiderata e inconcludente. La fine di un amore è sempre amara per entrambi perché ciascuno rimprovera all'altro di non essere come lo aveva immaginato, mentre in realtà gli rimprovera di essere proprio ciò che era.

È vero che la scomparsa del desiderio sessuale significa crisi dell'amore?

In coniugi anziani che vivono insieme da trent'anni non significa nulla perché resta un amore da amicizia, da tenerezza, da confidenza, ma quando scompare rapidamente nelle coppie più giovani, vuol dire che qualcosa si è incrinato. E quando la donna perde il desiderio, allora il corpo dell'altro incomincia ad apparirle una presenza estranea ed i suoi i rumori, i suoi movimenti, i suoi odori possono addirittura darle fastidio.

Cosa succede quando vivi con uno e ti innamori di un altro?

L'amore arriva sempre come un ladro inatteso. «Un ladro nella casa dell'amore» scriveva Anaïs

Nin. Penetra nella coppia esistente come il rapinatore in una casa e la saccheggia. Quando io mi innamoro, continuo a voler bene a mio marito, a mia moglie, alla persona con cui convivo, ma le tolgo l'esclusività, metto al suo posto un altro e questo lei non può accettarlo. Mi scongiura, mi impone di scegliere, mi scaccia. Così l'amore, che chiede di essere solo felicità, si trasforma in uno straziante *dilemma*. Il *dilemma* ti obbliga a scegliere fra due persone che vorresti continuare ad amare in modo diverso. E non c'è una soluzione di compromesso: devi scegliere o l'uno o l'altro. Il *dilemma* produce sempre strazio e rovina, lascia sempre o senso di colpa o rancore.
L'Oriente, se non ha risolto, ha perlomeno attenuato questo dilemma con la poligamia e con i matrimoni a termine. Ma solo per i maschi. L'Occidente, dove c'è uguaglianza tra i sessi, non l'ha risolto e si affida alla tolleranza e al buonsenso delle persone, ma quasi sempre il *dilemma* viene sciolto con una separazione violenta e dolorosa.

Perché la separazione e il divorzio sono sempre traumatici?

C'è qualcosa di mostruoso nella separazione di due persone che si sono amate e sono vissute insieme molti anni, soprattutto quando succede in età avanzata. A volte la separazione avviene perché uno dei due, col passare del tempo, ha sviluppato interessi, gusti, idee diversi dall'altro, non se la sente di fare le stesse cose insieme all'altro e cerca una sua libertà. A volte perché uno dei due ha avuto rapporti sessuali con un'altra persona e quello tradito, pieno di ira e di desiderio di vendetta, rompe definitivamente e irreparabilmente il rapporto. Comunque sia, entrambi sono costretti, e qui sta l'aspetto mostruoso, a dimenticare la vita condotta insieme, tutto l'amore che si sono dati, tutte le gioie che hanno provato. Sono costretti a creare in se stessi una immensa amnesia in cui sprofonda buona parte del loro essere. E quando arrivano a dividersi la casa, gli oggetti, l'amore dei figli, l'amnesia si trasforma in deformazione ostile del ricordo. Quanto infinitamente meglio sarebbe imparare per tempo la tolleranza, imparare per tempo che anche le divergenze, anche l'infedeltà sessuale non devono distruggere una vita passata in comune. Quanto sarebbe meglio saper convivere lasciando all'altro un po' di libertà!

È vero che nella separazione a soffrire sono i figli?

No, sono tutti e tre: madre, padre e figli. Perché nella specie umana, i figli, anche se per i primi nove mesi li cresce la donna nel suo ventre, per tutti gli anni successivi sono il prodotto delle cure di entrambi i genitori. Entrambi li amano ed entrambi soffrono atrocemente quando ne vengono allontanati. I maschi, per millenni, hanno cercato di impossessarsene, ma le donne non hanno mai perso il convincimento che il figlio sia loro perché lo «hanno fatto loro». Nell'innamoramento questo conflitto scompare, ma esplode in tutta la sua violenza nella separazione. Ciascuno cerca di impadronirsi dei figli. Nelle società occidentali di solito è la donna che ne ottiene l'affidamento e, poiché ciascuno accusa sempre l'altro di essere la causa della fine dell'amore, spesso li usa per punire il marito. In altri Paesi è l'uomo che se ne impossessa e fa soffrire la donna. C'è solo da augurarsi che tutti riconoscano che nell'essere umano il processo di procreazione e crescita è estremamente lungo e che i figli hanno assolutamente bisogno dell'amore e della profonda dedizione di entrambi i genitori.

11 L'amante

Anche in quest'epoca di libertà sessuale e con il divorzio esiste ancora la figura dell'amante?

Amante è una parola generica. Si dice che qualcuno ha un amante anche se ha solo qualche occasionale rapporto sessuale. Ma in questo caso è meglio parlare di avventura. La parola amante è più appropriata quando due persone che sono già legate hanno una relazione erotica duratura. Una cosa abbastanza frequente nonostante la libertà sessuale e il divorzio. Divorziare, ma anche separarsi da una persona con cui si vive da molto tempo e a cui si vuole bene, è sempre traumatico. Allora accanto alla relazione ufficiale alcuni ne costruiscono un'altra nascosta che può essere molto breve o più duratura. Ma è quasi sempre a termine.

Perché uno si fa un'amante?

Soprattutto per sfuggire alla monotonia, alla routine e al dovere. Per avere esperienze nuove, per provare un erotismo fresco, libero e gioioso. L'amante è un giardino cintato, separato dalla vita quotidiana, il luogo dove passano tutti, dove comandano tutti. Invece il mondo dell'amante è appartato, nascosto, segreto. Molti pensano che il segreto serva a dare il brivido del proibito. No, protegge gli amanti dalla irruzione degli altri. Quando la relazione diventa manifesta, pubblica, cambia natura, diventa matrimonio, anche se non gli viene dato questo nome. Avendo recintato il tempo e lo spazio, protetti dal segreto, gli amanti diventano i registi del proprio mondo erotico e cercano solo il piacere.

Cos'è l'amicizia erotica?

Due amici di sesso diverso (nel caso degli omosessuali, dello stesso sesso) possono essere attratti sessualmente. Ciò che li unisce maggiormente è l'amicizia, fatta di confidenza, fiducia reciproca, interessi comuni. La sessualità è qualcosa di aggiunto anche se importante. Ricordiamo poi che l'amicizia non è esclusiva, ma *reticolare*: noi possiamo avere diversi amici che non si conoscono fra di loro. Ciascuno – almeno in teoria – può intrattenere rapporti di amicizia erotica con diverse persone, ed alcune di queste possono saperlo senza esserne gelosi. L'amicizia erotica richiede che non ci sia gelosia.

L'amicizia erotica è difficile?

Più di quanto non si pensi. Perché gli amici si raccontano tutto, si confidano i problemi, le difficoltà e corrono ad aiutarsi affrontando anche sacrifici. Nell'erotismo, invece, noi cerchiamo soprattutto piacere, sfrenatezza gioiosa e non vogliamo essere disturbati da tutto ciò che è problematico, da tutto ciò che è sgradevole. Non ci piace che l'altro ci parli dei conflitti con la madre, con i fratelli, con il marito o ci ossessioni con i suoi problemi economici o di carriera. Per fare durare l'amicizia erotica occorre perciò prudenza. I due amici-amanti possono parlare della loro attività professionale, sorreggersi, aiutarsi. Ma con moderazione, con discrezione, evitando che il peso della vita quotidiana avveleni la loro vacanza festosa.

E se uno dei due amici si innamora?

Se uno si innamora dell'altro quello che è incominciato come un gioco amoroso, come un succedersi di intervalli avventurosi, eccitanti e piacevoli nella vita quotidiana, diventa per lui un desiderio intenso, spasmodico, costante. Perciò soffre perché ogni innamorato desidera essere ricambiato nello stesso modo. E se l'altro ha una moglie o un marito, o se ha altre amanti e gliene parla, soffre per la gelosia. Una sofferenza che in certi casi accetta perché perlomeno può restargli vicino, fare all'amore con lui. In questo le donne sono più brave degli uomini, credono di più nell'amore, nella loro capacità di farsi ricambiare e sanno aspettare più a lungo. Gli uomini che si innamorano possono anche loro continuare il rapporto con una donna che ha un amante, ma sforzandosi di tenerlo esclusivamente sul piano sessuale, oppure cercando di soppiantare l'altro.

Conta molto il sesso nella relazione con l'amante?

Conta perché è più allegro, libero, che con la persona con cui vivi abitualmente e con cui è diventato ripetitivo. L'erotismo appartiene alla sfera del gioco, del divertimento, dello scherzo, della gioia. Due persone che vivono insieme, dormono insieme, lavorano insieme ma sono sempre assorbite da problemi, impegni, doveri e non trovano il tempo di andare a ballare, di partecipare alle feste, di fare la corte ed essere corteggiati, a poco a poco finiscono per diventare schiavi delle loro abitudini, delle regole che si sono imposte. Ed hanno bisogno, perlomeno di tanto in tanto, di ritornare freschi, allegri, spensierati, scatenati come bambini. È questo che alcuni ottengono con l'amante, perché quando vanno con lui è come se marinassero la scuola. Si buttano dietro le spalle tutti i doveri e pensano solo a divertirsi, a giocare e a darsi piacere.

Due amanti possono essere profondamente innamorati?

Ci sono casi in cui i due amanti sono realmente e profondamente innamorati e, se si fossero conosciuti prima o le circostanze della vita fossero state diverse, avrebbero anche potuto sposarsi e vivere felici. Spesso in questi casi finiscono per rivelare il loro amore e divorziare. Ma non sempre, perché talvolta non vogliono sconvolgere le vite di persone a cui vogliono molto bene o più spesso perché non sono sicuri che il loro amore continuerebbe altrettanto intenso nella quotidianità, affrontando anche i problemi ed i dispunti della vita normale.

È vero che il tradimento viene quasi sempre scoperto?

Diciamo spesso. Quasi sempre la relazione con l'amante incomincia in modo leggero, scherzoso, come distrazione e divertimento, o come attrazione puramente sessuale. Ma quando prosegue, quando i due amanti si piacciono veramente, quando poi si innamorano, vogliono vedersi sempre più spesso ed incomincia un complicato gioco di telefonate, di e-mail sempre più pericolosi. E il marito o la moglie, soprattutto la donna che è estremamente più sensibile ai mutamenti delle manifestazioni affettive ed erotiche, finisce per sospettare, informarsi. Poi uno dei due amanti ha un attimo di distrazione, un lapsus quasi volesse farsi scoprire. A questo punto il gioco sessuale diventa tradimento, rottura della coppia, dramma.

Perché spesso le amanti non vogliono restare clandestine?

Soprattutto le donne single, libere ed abituate alla libertà sopportano male un uomo che non può mai uscire con loro, mai farsi vedere in pubblico, che vive di continue menzogne con la moglie. E se lo amano, ad un certo punto gli chiedono di scegliere, esattamente come fa la moglie quando lo scopre. Ci sono però anche eccezioni. Alcune donne autonome e libere, abituate a vivere da sole, comprendendo quale trauma possa essere un divorzio, quale uragano negativo possa scatenare anche sul loro reciproco amore, preferiscono restare nell'ombra. Ma lo fanno solo se amano in modo totale e arrivano ad anteporre la serenità del loro uomo al proprio desiderio appassionato.

Confessare o no?

Nel libro di Kundera, *L'insostenibile leggerezza dell'essere*, ci sono due amanti. L'uomo, preso da sensi di colpa e dal desiderio di chiarezza e sincerità, vuol confessare la relazione a sua moglie. La donna ne è terrorizzata. Per carità non farlo, gli dice, oggi noi siamo soli, felici, nessuno ci disturba, nessuno invade la nostra intimità. Ma appena avrai parlato con tua moglie sarà tutto diverso. Nella nostra vita entrerà lei, di prepotenza, e poi i tuoi figli, gli amici, i tuoi genitori, i miei, una folla strabocchevole vociante, che riempirà tutta la nostra vita, il nostro spazio e il nostro tempo con le loro recriminazioni, le loro minacce, i loro consigli, le loro parole. Non saremo più soli. Saremo sempre in mezzo a questa gente sgradevole, chiassosa e petulante. Io non la voglio.

È vero che talvolta un amante può migliorare il matrimonio?

Certe volte sì. Vivere sempre insieme giorno dopo giorno, dopo molti anni può stancare, annoiare, possono sorgere divergenze di punti di vista, tensioni, rancori. In alcune coppie nasce competizione, invidia. Altri si rimproverano in continuazione i loro difetti. Allora se uno dei due trova un amico con cui fa cose nuove e divertenti, oppure un amante con cui ha una nuova vita erotica, diventa di buon umore, più tollerante, più gentile, meno critico con la moglie o il marito. Naturalmente occorre un amante molto discreto, che sappia adattarsi alla realtà, che agisca in modo disinteressato e non qualcuno che vuol rompere il matrimonio.

12 Il gioco dell'amore

È vero che «in amor vince chi fugge»?

Questo celebre verso di Ludovico Ariosto dice che in amore vince chi si fa desiderare, chi non si concede, ma anzi respinge, suscita gelosia. A volte è vero e a volte falso. È vero nel caso delle persone competitive, che vengono eccitate, stimolate dalla presenza di un rivale o di una rivale e dalla gelosia. Molto meno vero nelle persone che hanno bisogno di amore sincero e che non sopportano la gelosia, perché queste vogliono solo che l'altro si butti nelle loro braccia e gli dica «ti amo».

Serve far ingelosire chi vogliamo che si innamori di noi?

Ogni uomo desidera più intensamente la sua donna quando la vede ammirata e corteggiata. E lo stesso fa la donna con il suo uomo. Una punta di gelosia ravviva sempre un amore. Le donne non si vestono in modo elegante solo per il loro amato, ma anche perché gli altri le guardino, le cerchino, le ammirino stimolando la competitività del loro uomo. Molte donne si sentono eccitate, valorizzate, vedendo diversi uomini che competono per loro e spesso non si rendono conto di quanta rivalità, quanta violenza possono suscitare. È il residuo di un comportamento atavico, in cui la femmina viene disputata da tanti maschi in lotta e cede solo al vincitore. Fuori dalle discoteche scoppiano spesso risse fra i giovani maschi per un apprezzamento o un gesto considerato inopportuno, e la ragazza assiste sconcertata alla rissa che spesso proprio lei ha provocato con uno sguardo ricambiato o complice. Vi sono infine persone che cercano di tenere legato il loro amato con la gelosia. Ho conosciuto donne che arrivano a non farsi trovare in casa, a non rispondere al telefono, oppure a uscire eleganti senza dire dove vanno.

Ma non può provocare anche la reazione opposta?

Ci sono degli uomini competitivi che desiderano una donna solo quando è di un altro. Ardono di desiderio solo quando vedono profilarsi un rivale. Ma, attenzione, esiste anche il tipo umano opposto. Quello che non sopporta la gelosia. Se costui, all'inizio dell'innamoramento vede comparire un rivale, sta male, si ritira, scompare. Chi vuol trattenere questo tipo di persona, facendola ingelosire, la perde. Se ci tiene, se l'ama, glielo dica, glielo ripeta, e la rassicuri sempre.

Ci si può innamorare su internet?

No. Si può avviare, dare inizio ad un processo che porta all'innamoramento. Le parole scritte dall'altro possono suscitare in noi emozioni profonde, mostrarci una possibile nuova vita, ma solo col rapporto personale, col contatto personale sapremo se ciò che avevamo percepito, ciò che avevamo intuito era vero. La verità ultima dell'amore è il corpo.

Si può parlare d'amore col solo telefono?

No. Come è difficile parlare d'amore solo per telefono! Non sei abbastanza vicino, non percepisci le reazioni dell'altro, la parola è astratta, lontana. A volte la persona amata ti diventa addirittura misteriosa. La verità dell'amore è nel contatto, negli occhi, nell'abbraccio, nei gesti, nella pelle, nei movimenti involontari.

Si può riconquistare una persona che ha smesso di amarti?

No, se lui o lei si sono innamorati di un altro e quando c'è stata una rottura velenosa o un divorzio intossicato. Sì, se lui o lei si sono semplicemente allontanati dopo una litigata, oppure hanno diradato gli incontri fino a smetterli del tutto. Ho già detto prima che una donna innamorata, se ha volontà e tenacia, ha una elevatissima probabilità di conquistare o riconquistare l'uomo che ama. Per quale strada? Quella normalissima della seduzione. Fatevi incontrare sempre elegante, provocante. Fate in modo che vi veda sempre con qualche uomo possibilmente bello o ricco. Poi, quando lo incontrate da sola, siate dolce, affettuosa, niente rimproveri, niente sarcasmo. Se fate all'amore curate molto la biancheria intima, studiate cosa lo attrae del vostro corpo e scegliete quella che la valorizza. Cercate di capire cosa gli dà piacere e non abbiate paura a darglielo. Poi fate in modo che, quando vi cerca, vi trovi sempre disponibile. Ricordate inoltre che l'uomo è vanesio, adora l'adulazione. Non stategli però addosso, non chiedete appuntamenti, non fate critiche. Dovete diventare la sua geisha e la sua bajadera. Quando lo avrete stabilmente riconquistato, potrete prendervi la rivincita.

Un tempo si diceva che l'uomo è cacciatore, ma ora?

Si è sempre detto che l'uomo è cacciatore, mentre la femmina tende a trattenerlo e costruire il nido. Balle; la femmina è una straordinaria cacciatrice, migliore anzi del maschio. Perché il maschio è poco selettivo, guarda alla quantità piuttosto che alla qualità. Egli cerca di diffondere il suo seme nel maggior numero possibile di femmine. La femmina invece è molto selettiva, caccia solo i maschi più divertenti, più belli, più intelligenti, più audaci, più ricchi e più forti. Ed è abilissima nell'identificarli e nel conquistarli. Lo fa da milioni di anni. Ed è stata una fortuna, perché immaginate come sarebbe andata a finir male l'evoluzione della specie umana se le femmine avessero scelto i maschi più brutti, poveri, stupidi e paurosi.

Chi vince nella competizione sessuale? Chi arriva primo o chi arriva ultimo?

Parlando di sesso, puro sesso e non di amore, possiamo dire che possono vincere entrambi. Infatti vince chi riesce per primo a portar via la persona desiderata e ad accoppiarsi con lei. Sta alla base dell'antico desiderio maschile di possedere una donna vergine. Secondo questo meccanismo, se un uomo non riesce a prendere la donna per primo e gliela prende un altro, si sente vinto e prova una forte gelosia. Ma c'è un secondo meccanismo che, al contrario, dice che vince l'ultimo che porta via il trofeo. Il maschio si eccita all'idea di prendere la femmina che si è appena accoppiata con qualcuno perché, simbolicamente, gliela ruba e lo scaccia. L'ultimo che arriva ha scacciato tutti gli altri. Questo meccanismo è alla base della prostituzione. Andando con una prostituta l'uomo prende sempre una donna che è appena stata di un altro maschio e lo sostituisce. Con lei vince sempre.

Cosa sono le utopie erotiche?

Nel corso della storia ci sono sempre stati movimenti utopici che volevano eliminare la proprietà privata a favore della uguaglianza e del comunismo. Ma che razza di uguaglianza è quella che non riguarda anche il sesso, l'erotismo? Fourier perciò propone una società in cui le coppie si possono riunire a due a due formando un quadrangolo erotico. Oppure a tre, a quattro formando dei sestetti, degli ottetti, delle orchestre passionali. Inoltre le persone più belle dovevano andare anche con le brutte, le giovani con le vecchie. Lungo il corso della storia si sono formate migliaia di comunità utopiche erotiche. Però tutte si sono dissolte perché il capo finiva per prendersi (o ci andavano loro) tutte le donne più giovani e più belle, creando invidie, gelosie e rivolte.

Perché alcuni vogliono fare all'amore in tre o in quattro?

Perché l'uomo è un essere mimetico che desidera ciò che desiderano o hanno gli altri. Se noi vediamo due persone che fanno all'amore siamo attratti, eccitati e desideriamo a nostra volta farlo. Quando due coppie sono insieme, l'uomo che vede l'altro uomo accoppiarsi con la propria donna può desiderare di prendere il suo posto. Ma anche la sua donna può fare lo stesso. In questo modo tutti possono diventare intercambiabili e combinabili nel modo più capriccioso. È la base dell'orgia e della pornografia. Teniamo però presente che l'uomo è più portato alla promiscuità della donna e che questa, di solito, diventa promiscua usando qualche droga (la più semplice è l'alcool) che annulla i sentimenti amorosi esclusivi. È solo con una droga che la donna diventa eroticamente simile all'uomo.

La promiscuità è contagiosa?

Mostrarsi apertamente mentre si fa all'amore mette in moto la mimesi. Ti metti al posto dell'altro e desideri ciò che vuole lui. Lui si mette al tuo posto e desidera ciò che vuoi tu. In questo modo siete portati a scambiarvi i partner. Invece isolarsi comunica che si vuole quella sola persona in modo esclusivo. La promiscuità perciò è contagiosa. Quando due o più coppie fanno all'amore nello stesso ambiente, si vedono e si sentono mentre lo fanno, ad un certo punto uno può essere attratto dal partner dell'altro e viceversa. E, se questa libertà non è prevista o programmata in anticipo, come nell'orgia, può scatenare la gelosia. Di qui la tendenza, diffusa in tutto il mondo, di accoppiarsi in modo isolato, senza farsi vedere.

Ci sono ancora delle inibizioni, dei tabù sessuali?

L'attrazione sessuale è molto più antica della società e perciò tende sempre a violare le leggi, le regole professionali, la neutralità richiesta dal proprio ruolo sociale. Unisce nel modo più capriccioso e imprevedibile ciò che ufficialmente deve restare diviso. Per questo la sessualità è sempre stata usata nella lotta politica, dai servizi segreti, impiegata per produrre scandali ed eliminare avversari scomodi. Ma, anche nella vita quotidiana, pensiamo a quanti conflitti può creare quando si insinua nei rapporti fra impiegato di banca e cliente, fra medico e paziente, fra giudice e imputato, fra poliziotto e delinquente, fra insegnante ed allievo, fra esaminatore ed esaminato, fra padrone e servitore, fra vicini di casa, fra amici e perfino fra nemici.

È dannosa la pornografia?

Nell'infanzia e nella prima adolescenza sì, perché crea una immagine promiscua, impersonale, arida del sesso che danneggia la maturazione dell'amore erotico. Ancora più oggi quando anche fra i giovanissimi si diffondono le droghe che inibiscono i sentimenti amorosi esclusivi e fanno emergere solo la sessualità. In età più avanzata dipende dall'uso che ne viene fatto. Ha però avuto anche un effetto positivo sulla immagine estetica dei genitali maschili, femminili e più in generale sulla concezione estetica del rapporto sessuale. Essa pone fine all'epoca in cui si poteva ancora parlare di «parti pelose», «parti animali», «parti vergognose», di «laidezza dei genitali e del sesso». La pornografia, usando maschi e femmine molto belli, truccati, depilati, con una straordinaria cura della gestualità, con una fotografia raffinata, ha rivelato la bellezza del corpo nudo, dei genitali, del rapporto sessuale. Ha dato a tutte le parti del corpo lo stesso valore estetico, creando una potenziale forma di arte erotica di tipo nuovo.

La pornografia interessa più i maschi o più le femmine?

Più i maschi perché il loro erotismo è più visivo e perché il sesso è più separato dall'amore e dagli altri sentimenti. Questo non significa che anche la donna non ne venga eccitata, ma, dopo un po', vedere una continua successione di atti sessuali senza trama e senza emozioni, l'annoia.

Perché ogni tanto diventano famose delle scrittrici adolescenti?

Perché la società ha una insaziabile curiosità verso i cambiamenti sessuali delle adolescenti. Pensiamo al successo di Colette con *L'ingenua libertina* in cui ci descrive una giovane donna alla ricerca dell'orgasmo cambiando marito e amante. Poi la Sagan con *Buongiorno tristezza*. In Italia Lidia Ravera nel 1976, in *Porci con le ali* descrive i ragazzi della estrema sinistra cui era permessa ogni promiscuità sessuale ma proibito l'amore, per cui i due innamoratini non hanno le parole per dirselo. Poi arriva la Cardella con *Volevo i pantaloni* che ci informa sulla iniziazione ai coiti orali delle ragazze meridionali. Nel 2005 *Cento colpi di spazzola* di Melissa P. ci mostra l'aggiornamento dovuto alla pornografia: non più un uomo solo, ma quattro o cinque uomini contemporaneamente che le occupano tutti gli orifizi del corpo. Sono documenti d'epoca. Spesso quando le stesse ragazze passano a scrivere d'altro o d'amore, non interessano più.

L'amore è più gioia o più dolore?

Io credo che sia più gioia. Però può essere fonte del più straziante dolore. Quando ti innamori di uno che non ti ama, quando ti tradisce e tu perdi la fiducia, quando non sopporti più la gelosia e decidi di lasciarlo, quando smette di amarti, se ne va, non ti cerca più, non ti risponde più, mentre tu continui ad amarlo e ti senti vuoto e disperato.

Ma se l'amore può provocare tanta sofferenza cosa ci dà poi di positivo?

Rende ogni istante della tua vita pieno, intenso, vibrante. Il pensiero del tuo amato riscalda il tuo cuore, sentire la sua voce ti rassicura, ti rende allegro come fossi un bambino che gioca col suo giocattolo preferito. Quando lo vedi ti emozioni, gli corri incontro e ti abbandoni felice. Quando lo stringi e lui ti stringe forte, senti di avere fra le braccia quanto di più desiderabile c'è al mondo. E se ballate stretti provi una miscela di orgoglio, di dolcezza, di tenerezza e di desiderio mille volte più grande di quello che proveresti ballando con la più bella donna o il più bell'uomo del mondo. E puoi dirgli le parole folli «Ti amo, sono pazzo di te!». Facendo l'amore con lui puoi capire cosa è la beatitudine. Quando siete insieme vedete ogni cosa gioiosa, ogni volto amico. E se ti chiedono di scegliere se vuoi fare da sola una stupenda crociera o una vacanza di sogno in un posto esotico, oppure restare col tuo amato in un alberghetto non lontano da casa tua, scegli di stare con lui! Ma l'amore è bello anche quando è attesa, desiderio, ansia, anche quando ti fa correre col cuore in gola, perché rende la vita intensa, traboccante, piena di significato. Infine solo nel grande amore noi abbiamo l'esperienza che ogni nuovo incontro è sempre diverso e ci dà un piacere, una felicità ogni volta più grande di quello precedente. Un «di più» che sembra impossibile, ed invece è vero, e può continuare anche per anni, tanto da dare l'impressione che l'amore sia senza fine, come l'universo.